ロンりのちから

論理

NHK
『ロンリのちから』制作班
著

野矢茂樹
監修

三笠書房

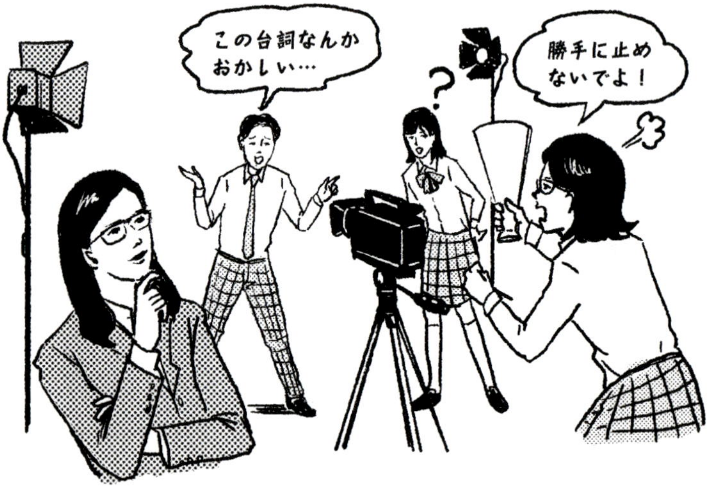
この台詞なんか
おかしい…
?
勝手に止め
ないでよ！

はじめに

　本書は、論理的思考力（ロジカルシンキング）の基礎を養う本です。みなさんに楽しみながら学んでいただくために、ドラマ仕立てになっています。

　舞台となるのは、とある高校の映像部。
　部員たちは、「感情を持たないアンドロイド」を主人公にした自主映画作りに取り組んでいます。
　ところが脚本をめぐって、部員たちの間に意見の対立が生じます。ときには撮影がストップしてしまうことも。
　そこに現れるのが、顧問の溝口先生。溝口先生はなぜ対立が生まれるのかを解き明かし、それを「ロンリのちから」で鮮やかに解決していきます――。

　本書では、テーマの内容をより日常的なものにして、議論やコミュニケーションに役立つようにしていきます。
　論理的に話すトレーニングをすることで、自分の中で意見をまとめられるようになり、周りの人とももっと建設的な話し合いができるようになります。それは、ビジネスにおいてはもちろん、学業においても、プライベートでも、あらゆるシーンで求められる力です。
　みなさんも、登場人物たちと一緒になって、問題を解決するつもりで読んでみてください。

NHK『ロンリのちから』制作班

監修者の言葉

　これは論理学の入門書ではありません。論理学というのは論理を理論化していく学問領域です。それに対して、この本はあくまでも実用的な論理力を開発することをめざしています。

　論理力というのは、ひとことで言えば、言葉と言葉の関係を捉える力です。

　もし論理力が皆無、まったくゼロという人がいたとしたら、その人はどうなるでしょう。

　言葉と言葉の関係が捉えられないと、言うことも書くことも断片的なものとなり、つながりを失ってバラバラなものになります。人の話を聞いたり読んだりするときも、いまの話がさっきの話とどう関係するのか、この話がこれからどういう話につながっていくのか、まったく分からないということになるでしょう。

　さらに、相手の話と無関係な応答しかできませんから、反論することも、話に参加して話題を先に進めていくこともできません。なかなか悲惨なことになります。

さすがに、ふつうの大人の場合には論理力ゼロということはないでしょうが、しかし、一貫性のない話し方をしたり、相手の話を無視して話したり、質問されても関係ないことを答えたりする人は、そう珍しくはありません。あなたの周りにもいるでしょう？　もしかしたら、あなた自身がそうかもしれない。

　そこで、論理力を鍛えようというわけです。

　もちろんこの本だけで論理力がきっちり身につくなんてことはありません。

　泳ぎ方の本を読むだけではきれいに速く泳げるようにならないのと同じことです（いま私は「類比論法」を使いました。本書の第9回を見てください）。

　だけど、ワンポイントでも教えてくれる人がいないと一歩も進めません。ぜひこの本でワンポイントレッスンを受けて、論理の力を鍛える一歩を踏み出してください。すべてはこの最初の一歩から、始まります。

野矢 茂樹

登場人物紹介 ①

杏奈(あんな)

脚本・監督担当
まじめな優等生タイプ

高校3年生。
将来は映画関係の仕事に就きたいと思っている。
きまじめでプライドが高く、自分の台本には相当の自信を持っている。そのため台本について何か指摘されると感情的に反発することもあるが、自分が間違っていることを理解すると、素直に修正に従う。
優等生タイプで、映像部の中心的な存在である。
顧問の溝口先生に対して尊敬と憧れの感情を密かに抱いている。

登場人物紹介 ②

マリー

アリス役（アンドロイド）
映像部のアイドル的存在

高校２年生。
他のメンバーが基本的にきまじめなのに比べると、自分の感情を表すことにあまり躊躇しない。
天真爛漫に振る舞っているように見えるが、実は自分の言動が他人にどう見られているかを常に気にしている。
映像部の部長だが、そのことを部員からも忘れられているときがある。

登場人物紹介 ③

礼央(れお)

テレス役（アンドロイド）
映像部唯一の男子部員

高校３年生。
杏奈の書く台本に対して登場人物の目線でミスを指摘することが多い。
基本的に他人に合わせるタイプだが、ときに自分の意見を妙に理屈っぽく語ることがある。
映像部では、他のメンバーの自己主張が強いため目立たない存在だが、実は自主映画の制作になみなみならぬ情熱を注いでいる。

登場人物紹介 ④

溝口先生
みぞ ぐち

映像部の顧問をつとめる女性教師

自己主張が強いタイプではないが、生徒たちに言い争いが起きると、まるでどこかでそれを聞いていたようにふらりと姿を現す。
どこか謎めいた雰囲気があり、喜怒哀楽をあまり表に出さない。問題点を鋭く指摘し、また的確にアドバイスすることから、生徒たちからは信頼されていると同時におそれ敬われている。
転校生の新井波（P.10）の父親である映画監督との関係を匂わせる発言をしており、教師以外の経歴があることがうかがえる。

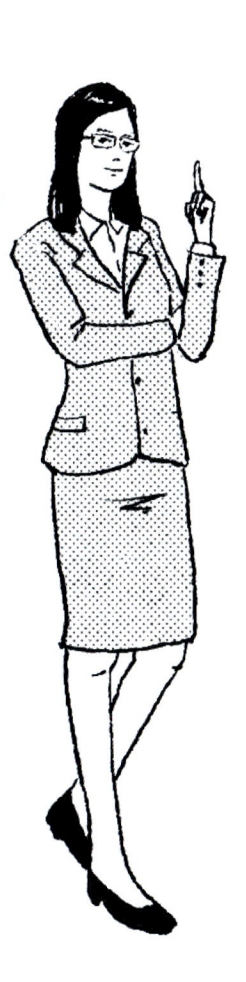

登場人物紹介 ⑤

新井波
あらいなみ

ジガ役（アンドロイド）
謎の転校生

高校2年生。
父親は映画監督。転校生として映像部に加入。
頭脳明晰で自分の意見をはっきりと言う。映画には非常に詳しく、またそのことにプライドを持っている。そのため脚本を担当する杏奈とぶつかることが多い。また礼央が新井波に好意を示していることも、杏奈との対立の火種になっている。
自らアートクラブを運営している。

ロンリのちから

CONTENTS 目次

- はじめに 3
- 監修者の言葉 4
- 登場人物紹介 6

ロンリのちから 01
三段論法 15
「鳥は卵を産む。
ペンギンは鳥。
だからペンギンは卵を産む」

ロンリのちから 02
誤った前提・危険な飛躍 27
「ウサギは亀だ。
亀は卵を産めない。
だからウサギは卵を産めない」

ロンリのちから 03
逆さまのロンリ 41
「図書館には本がたくさんある。
逆に言うと
本がたくさんあるのが図書館だ」

ロンリのちから 04
接続表現・ことばをつなぐ 57
「このレストランは美味しい。しかし高い」
「このレストランは美味しい。ただし高い」

ロンリのちから 05
水掛け論・理由を言う 73
「感情は必要だ」「感情は必要ない」「必要だ」「必要ない」……

ロンリのちから 06
暗黙のロンリ 87
「彼は愛想が悪い。だから、営業に向かない」

ロンリのちから 07

仮説形成 103
「犯人は映像部以外の生徒だ」

ロンリのちから 08

否定のロンリ 121
「私はあなたのことが好きだ」の否定は
「私はあなたのことが嫌いだ」？

ロンリのちから 09

類比論法 137
「友だちのうちは、夏休みに海外旅行へ行く。
だから、うちも海外旅行へ行きましょう」

ロンリのちから 10

合意形成 151
「意見の対立を人と人との対立にしないこと」

● イラスト／3rdeye・瀬川尚志
● 本文デザイン＆DTP／斎藤 充（クロロス）
● 編集協力／藤吉 豊（クロロス）

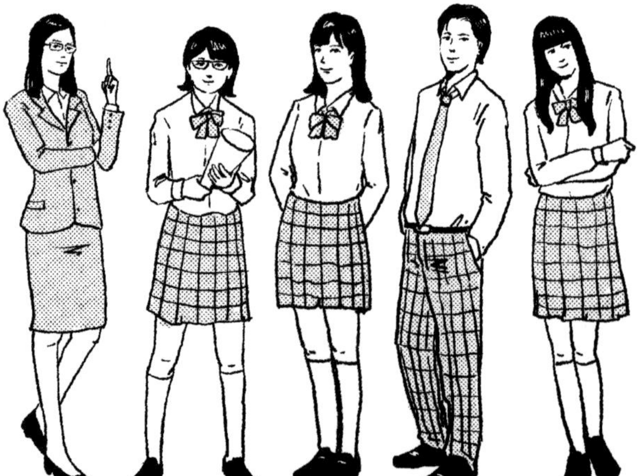

ロンリのちから

01

三段論法

学習ポイント：
三段論法は、2つの前提から1つの結論を出す推論の方法です。
三段方式で筋道を立てて考えながら、
正しい結論を導きます。

三段論法の例：
・一段目　すべての人は死すべきものである。
・二段目　ソクラテスは人である。
・三段目　ソクラテスは死すべきものである。

私は
早起きである。

私は
営業マンである。

だから営業マンは
早起きである。

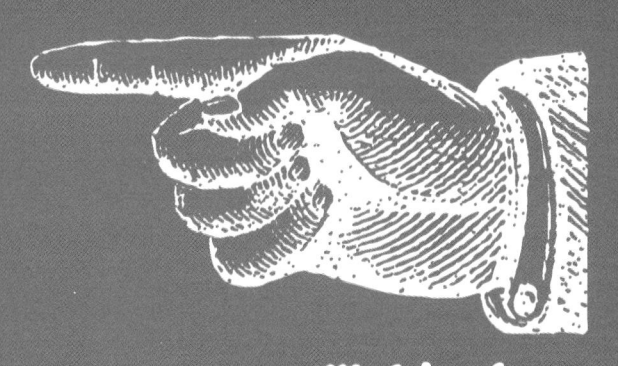

この三段論法が
おかしいのは
なぜか？

ロンリのちから
01

映像部の部員が教室で映画の撮影をしています。台本に沿って演技をするマリーと礼央。すると、礼央が「この台詞はおかしい」と言って、勝手に芝居を止めてしまいました。

監督の杏奈は「主人公は彼女からとても嫌われているので、おかしくない」と反論しますが、礼央は納得しません。

どうして礼央は、この台詞に違和感を覚えたのでしょうか。

- **マリー**　私はあなたが嫌い。私は女子。だから女子はあなたが嫌いなの。
- **礼央**　僕は君に嫌われている。そして女子全員に……。
- **マリー**　そうよ。私はあなたが嫌い。私は女子。だから女子はあなたが嫌いなの。

- ◆ **礼央** ちょっと待って、この台詞なんかおかしい……。
- ◆ **杏奈** カット!! 礼央、勝手に止めないで。監督は私よ。
- ✝ **溝口先生** どうしたの？ 杏奈。
- ◆ **杏奈** 溝口先生、礼央が私の書いた台詞をおかしいって言うの。
- ✝ **溝口先生** そう。では、おかしいのかどうか、検証してみましょう。

全体に当てはまることは一部にも当てはまる

- ✝ **溝口先生** あなたが書いたあの台詞は**三段論法**という推論方法の１つなの。推論とは、前提から結論を導くこと。三段論法は**２つの前提から結論を導く推論の仕方**よ。例えば、こんな文章。

> 【例１】
> 『鳥は卵を産む。ペンギンは鳥。
> だからペンギンは卵を産む。』

- ◆ **杏奈** 当たり前……。
- ✝ **溝口先生** そうね、当たり前ね。正しい三段論法は非の打ちどころがないくらい当たり前なの。
- ◆ **礼央** そうか、当たり前だからこそ説得力がある。
- ✝ **溝口先生** この三段論法では、結論を正しく導くために、**一段目で全体**のことを言ってから**二段目で一部**のことを言い、そして**三段目で結論**を述べるという推

論を行っているの。

一段目…全体　『鳥は卵を産む』
二段目…一部　『ペンギンは鳥』
三段目…結論　『だからペンギンは卵を産む』

✝ 溝口先生 この文章では、一段目で『鳥は卵を産む』と鳥全体のことを言ってから、二段目で『ペンギンは鳥』とペンギンが鳥の一部であることを言っている。そして、三段目で『だからペンギンは卵を産む』と、**全体に当てはまることは一部にも当てはまる**ことを示しているの。

鳥→卵を産む
ペンギン↓卵を産む

♦ 杏奈 わかってきたわ。

部分から全体を判断すると……

✚ **溝口先生** じゃあ、この文章はどうかしら？

【例2】
『ペンギンは空を飛べない。ペンギンは鳥。だから鳥は空を飛べない。』

◆ **礼央** あれ？
♦ **杏奈** なにか変ね!?
✚ **溝口先生** そう変なの。どこがどう変なのか、見ていきましょう。

鳥→空を飛べない？
ペンギン
↓
空を飛べない

♦ **杏奈** ペンギンっていう鳥の一部の話から始めてしまっている。

- **礼央** 二段目までは、まだ別に間違ったことは言っていない。

> ### 三段目 『だから鳥は空を飛べない』

- **礼央** 鳥って、たいていは飛ぶことができるのに……この結論は間違っている。
- **溝口先生** この文章ではペンギンという小さな一部から始めて、鳥という大きな全体のことを言ってしまったから、結論を間違ってしまった。

> ○　ペンギンは空を飛べない
> ○　ペンギンは鳥
> ×　だから鳥は空を飛べない

- **杏奈** 『ペンギンは鳥である』『ペンギンは飛べない』という文自体は正しかったから、騙されそうになったわ。
- **杏奈** **部分から全体を判断すると、間違ったことを結論する可能性がある。**
- **礼央** 前提と結論が飛躍して、間違う危険性がある。

三段論法は論理展開の基本

- **溝口先生** 杏奈、あなたが書いた台詞はどう？

> 『私はあなたが嫌い。私は女子。
> だから女子はあなたが嫌いなの』

- **杏奈** 女子全体ではなくて、私という一部から話が始まってしまっている……。
- **溝口先生** そうね、そこまでわかったのなら辛いでしょうけど、検証してみましょう。

```
私はあなたが嫌い、
だから女子はあなたが
嫌いなの

私→あなたが嫌い

女子
```

- **杏奈** 私という一部のことから女子全体を結論づけようとして、意見が飛躍してしまった……。
- **礼央** 女子みんながこの男子を嫌いとは限らない……ということか。
- **マリー** 『私は好き！』って、思っている人がいるかもしれない。
- **杏奈** 私、少しムキになっていたみたい……なかなか自分の意見って変えにくい。

- **礼央** そう。思い込んでしまう。
- **杏奈** 三段論法、なかなか面白かった。これからシナリオ書くのに使えそう、でもこれって何？
- **溝口先生** 論理よ。**三段論法は論理展開の基本よ。**
- **マリー** 高校生は勉強が嫌い。私は高校生だ。だから私は勉強が嫌い。
- **溝口先生** それは間違いね。結論は正しいけど、最初の前提が間違っているわね。

前提　×高校生は勉強が嫌い
結論　○だから私は勉強が嫌い

- **マリー** そう？
- **溝口先生** そう、これが**ロンリのちから**。

前提が間違っているのは×

不思議の国のロンリ劇場
三段論法の消去法

- **アリス**　ねぇねぇ、『不思議の国のアリス』を書いたルイス・キャロルって人は論理学者でもあったって知ってた？
- **ウサギ**　そうか、だからわざと非論理的にしたりして、論理で遊びまくっているわけだ！
- **チェシャ猫**　ところで三段論法って他にも種類があるって知っているかい？　例えばこんなの。『三段論法の消去法』。
- **アリス**　昨日の夜、帽子屋かウサギに遭ったわ。でも暗くてよくわからなかったの。
- **チェシャ猫**　紅茶の臭いはしたかい？
- **アリス**　いいえ、しなかったわ。
- **チェシャ猫**　それは帽子屋ではないね。彼はいつも紅茶を飲んでいるから。
- **アリス**　ということは、私が会ったのはウサギね！
- **全員**　昨日の夜会ったのは、帽子屋かウサギだ。帽子屋ではない。だとするとそれはウサギだ〜！

ロンリのちから01 三段論法 解説

二つの前提から結論を導く
——三段論法は論理の基本

　もっとも単純な推論は、一つの前提から一つの結論を導く場合です。これは（そういう言葉はありませんが）いわば「二段論法」です。そしてどんな複雑な推論も、二段論法と三段論法の組み合わせで捉えることができます。ですから、複雑な推論を正確に理解し、また自分でも複雑な推論を正しく使えるようになるためには、なによりも二段論法と三段論法を正しく使えるようにならなければいけません。そこで第1回は「三段論法」を取り上げました。

　三段論法というのは、二つの前提から一つの結論を導く形をもった推論のことですから、さまざまなタイプの推論があります。例文にあるような、一段目で鳥全体のことを言い、二段目でペンギンは鳥だと言い、そこから鳥についてあてはまることはペンギンにもあてはまると結論するタイプのものもありますし、不思議の国のロンリ劇場で紹介したような、一段目で「AかBだ」と言い、二段目で「Aではない」と言って、そこから「だからBだ」と結論するタイプの推論もあります。他にも、「夕焼けの翌日は晴れる。今日は夕焼けがきれいだ。だから明日は晴れる」といったタイプの三段論法もあります。

　このように、三段論法にもいろいろなタイプがあり、タイプに応じて正しい使い方を学ぶ必要がありますが、まずは二つの前提が示されたときに、そこから的確に結論を導くということを意識するようにしてください。ここをずさんにして「なんとなく」で済ませていては、論理力はけっして身につきません。

ロンリのちから 02

誤った前提・危険な飛躍

学習ポイント：
三段論法で正しい結論を出すには、2つの条件が必要です。
1つは、前提が間違っていないこと。
もう1つは、飛躍しないことです。
前提が間違っていたり、強引に論理を展開してしまうと、
誤った結論が導き出されてしまいます。

誤った前提・危険な飛躍の例：
・一段目　あの会社は有名である。
・二段目　私はあの会社に入社する。
・三段目　だから私は有名である。

早起きの人は
仕事ができる。

私は
早起きである。

だから私は
仕事ができる。

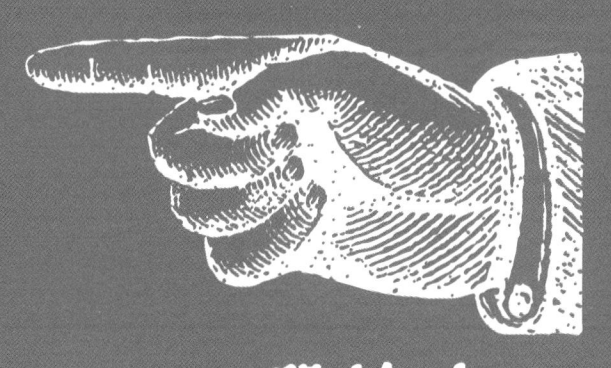

この三段論法は正しいと思うか？

ロンリのちから
02

マリーが1人で公園にいます。どこかうつろな表情です。
溝口先生から、「高校生は勉強が嫌い。私は高校生だ。だから私は勉強が嫌い」という推論の間違いを指摘されたことを思い出し、恥ずかしさがこみあげてきます。

滑り台の上でバランスを崩したマリー。気が付くと見知らぬ場所にいて、服装も変わっていました。

マリーは、自分の心が作り出した「不安の国」に迷いこんでしまったようです。

- ♥ **マリー(アリス)**　ここ……どこ？　私……誰？　だっけ……。
- ♦ **杏奈**　あなたはアリスでしょ。私が書いたシナリオの登場人物。他の何者でもないわ。
- ♦ **礼央(テレス)**　「高校生は勉強が嫌い。私は高校生だ。だから私は

勉強が嫌い」

杏奈 彼はテレス。あなたと同じ、感情を持たないアンドロイド。機械の星から、誰もいなくなった地球にかつて存在した「感情」というものを調査に来ているの。

マリー(アリス) いいえ、違う。私は高校生。アンドロイドなんかじゃない。

杏奈 アリス、何を言っているの。あなたはコンピューターの頭脳を持った完璧に論理的なアンドロイドよ。だから、あなたならわかるでしょ？

マリー(アリス) わからない！

杏奈 アリス、早くしなさい。あなたならわかるでしょ？

マリー(アリス) 嫌だ、もう決めつけないで！

溝口先生 そうよ、マリー、気づいたかしら？ あなたは決めつけていたのよ。

正しい推論をするには、2つの条件が必要

マリー(アリス) 溝口先生……決めつけていたのは……私……。

溝口先生 推論が正しいためには、2つのことが必要なの。

マリー(アリス) 2つのこと？

【正しい推論のための「2つ」の条件】
①飛躍がないこと
②前提が正しいこと

溝口先生 そう。1つは飛躍がないこと。例えば、あなた1

人のことから女子全員のことを結論してしまうような三段論法は、飛躍がある。だから、間違いね。でも、あなたの三段論法には飛躍はなかった。

- マリー(アリス)　じゃあ、どうして？
- 溝口先生　推論が正しいために必要なもう１つは、前提が正しいこと。
- マリー(アリス)　私の三段論法は、前提が間違っていた……。
- 溝口先生　そう、だから間違った推論になっていたの。正しい前提とは何か、この前（ロンリのちから01）の三段論法で、復習してみましょう。

正しい前提＋正しい前提＝正しい結論の例

> 前提1　鳥は卵を産む。

- 溝口先生　この前提に間違いはある？
- マリー(アリス)　卵を産まない鳥を私は知らないわ。

> 前提2　ペンギンは鳥。

- 溝口先生　この２番目の前提はどう？
- マリー(アリス)　ペンギンは確実に鳥だと思う。

> 結論　だから、ペンギンは卵を産む。

- マリー(アリス)　正しい前提から結論が導き出された……。

```
○ 鳥は卵を産む……正しい前提
○ ペンギンは鳥……正しい前提
○ だからペンギンは卵を産む…正しい結論
```

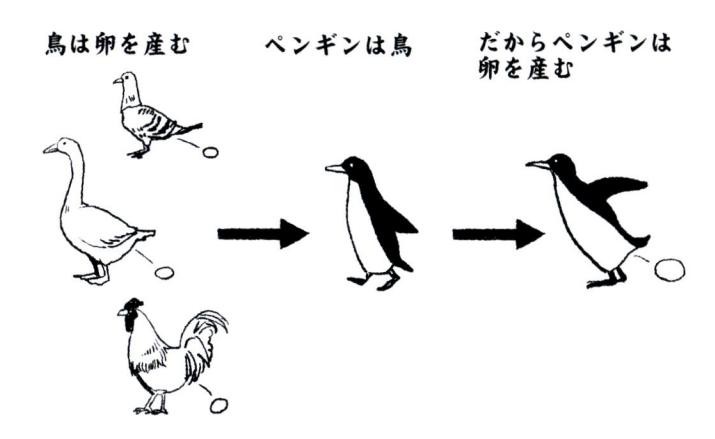

鳥は卵を産む　　**ペンギンは鳥**　　**だからペンギンは卵を産む**

前提が間違っていると正しい結論は保証されない

- **マリー(アリス)**　でも「高校生は勉強が嫌い」だって、間違ってないじゃん！
- **杏奈**　それはおかしいわ。私は高校生だけど、勉強が好きよ。
- **マリー(アリス)**　杏奈が変わってるだけじゃん……。みんな勉強なんて嫌いだよ。
- **溝口先生**　「高校生は勉強が嫌い」という誤った前提から、「だから私は勉強が嫌い」という結論を導いてしまったのよ。

- 🔥 **マリー(アリス)**　前提があやふやな推論は、まるで自分が誰かわからなくなったみたい。
- ♠ **礼央(テレス)**　そう、君は機械の星から来たアンドロイドのアリス。
- 🔥 **杏奈**　そう、あなたは感情を持たないアンドロイドのアリス。
- 🔥 **マリー(アリス)**　違う！　私は人間の女の子。アンドロイドなんかじゃないわ。溝口先生、助けて！
- ✝ **溝口先生**　助けてあげるわ、マリー。感情を持つものはアンドロイドではない。マリーは感情を持つ。だからマリーはアンドロイドではない。
- 🔥 **マリー(アリス)**　感情を持つものはアンドロイドではない。私は感情を持つ。だから私はアンドロイドではない。

○　感情を持つものは
　　アンドロイドではない……正しい前提
○　マリーは感情を持つ……正しい前提
○　だからマリーは
　　アンドロイドではない……正しい結論

- 🔥 **杏奈**　カット！
- 🔥 **マリー**　あれ？

マリーは現実の世界に戻っていました。三段論法によって、「私はアンドロイドではない」ことが証明されて、「不安の国」から抜け出すことができたようです。

- **杏奈** マリー、何を当たり前のこと言ってるの？ そんなのみんな知ってるわよ。
- **マリー** でも、当たり前のことでも、自分でたしかめないと見失っちゃう。私には感情がある。嬉しかったり、辛かったりする。だから私は私なの。
- **礼央** なんだか、たくましくなったみたいだね。
- **マリー** そうね。「不安の国」から抜け出した気分よ。

世の中には、間違った論理があふれている

- **溝口先生** マリーが誤った前提から誤った結論を導いてしまったように、**世の中には、自分勝手な意見を押し通すための、間違った論理があふれている**の。例えばこんな決めつけ。ブランド品をたくさん持ってる人はオシャレっていう印象があるでしょ。それを三段論法で言ってみると、どうかしら、杏奈。
- **杏奈** やってみるわ。

前提1	ブランド品をたくさん持っている人はオシャレである。
前提2	私はブランド品をたくさん持っている。
結論	だから私はオシャレである。

✤ 溝口先生　よくできたわね、杏奈。さすがね。
● マリー　こういう人、いるいる！
♪ 杏奈　ブランド品をたくさん持っていることがオシャレだという、間違った前提に立っている。

> ブランド品を沢山持っているから私はオシャレ

> ブランド品を沢山持っている人がオシャレは、前提がおかしい！

強引に結論を導いてはいけない

● 礼央　女子に限らず、男子にもいるよ、こういうやつ。じゃあこんなのはどう？

前提1　あの塾は合格率が高い。
前提2　僕はあの塾に入る。
結論　だから、僕は必ず合格する。

✤ 溝口先生　これは誤った前提ではなく、**飛躍**ね。

- **礼央** しまった。あれ？　でも、飛躍って何だっけ。
- **溝口先生** 飛躍とは、**その前提からは導かれないことを無理やり結論してしまうこと**よ。
- **礼央** そっか、前提が間違っているのではなく、強引に結論を導いてしまっているのか。
- **マリー** 危険な飛躍ね。
- **溝口先生** 合格率が高いという前提から、必ず合格するという結論へ飛躍してしまっている。多くの人が合格するというだけなのに、その多くの人の中に勝手に自分も含めてしまって受かった気になっている。

> この塾に入るから自分も合格する！

> 合格率の高い塾に入るから自分も合格する、は飛躍！

- **マリー** あ〜でも、この気持ちわかるな〜。「そうならいいなあ」という気持ちが、「そうなんだ」っていう決めつけになっちゃうんだよね。
- **杏奈** 日常には、間違った推論があふれているのね。
- **礼央** それを見破れないと騙されてしまうことがある。
- **マリー** そっか、それを見破る力も……。
- **溝口先生** そう、それも**ロンリのちから**。

不思議の国のロンリ劇場
不思議な三段論法

アリス 　間違った三段論法ってさ、結論が間違っちゃってるんだよね。

ウサギ 　違うね。結論が正しくても、めちゃくちゃな三段論法はある。

> × アリスは猫だ。
> ○ 猫は空を飛べない。
> ○ だからアリスは空を飛べない。

アリス 　不思議！「アリスは猫だ」って、1つ目の前提でめちゃくちゃなことを言ってるのに、「だからアリスは飛べない」って正しい結論になっている！

ウサギ 　結論だけじゃなくて、どういう前提から、どうやってその結論が出てきたのか、その道筋をちゃんと見なくちゃね。

> × ウサギは亀だ。
> × 亀は卵を産めない。
> ○ だからウサギは卵を産めない。

アリス ウサギは亀だ。亀は卵を産めない。だからウサギは卵を産めない。

ウサギ スゴイ！ 前提が2つとも間違ってるのに、結論は正しい！ みごとにでたらめな三段論法だ！

ロンリのちから02 誤った前提・危険な飛躍 解説

正しい推論は、「正しい論理」と「正しい事実認識」から成り立つ

　前回は「推論」という関係（前提と結論の関係）を意識してもらいましたが、次に、推論が正しいかどうかを評価する観点を押さえてください。

　推論が正しいためには、第一に、前提から結論への導き方が正しくなければいけません。「その前提が正しいならば、確かにその結論も正しそうだ」と、誰もが納得するような導き方をしているかどうか。逆に、「その前提が正しいとしても、だからといってその結論にはなりそうもない」と思われるようでは、その導き方には飛躍があったということです。飛躍がないように結論を導く。これが、推論が正しいためにまず必要なことです。

　第二に、前提が正しいものでなければなりません。いくら導き方が正しくても、出発点となる前提がまちがっているのでは、結論の正しさは保証されません。

　飛躍がないかどうかをチェックするのは論理の力ですが、前提の正しさをチェックするのは事実認識の問題です。「ペンギンは鳥だ」という前提が正しいかどうかは事典を調べてみるといったやり方で確かめることになります。また、「高校生はみんなひとり残らず勉強が嫌い」という前提は、（たぶん）事実に反しています。

　つまり、正しい推論は、正しい論理と正しい事実認識から成り立っています。「導き方に飛躍はないか」ということと「その前提は本当に事実なのか」という二つの観点をしっかりと押さえて、まちがった推論に騙されないようにしてください。

ロンリのちから 03
逆さまのロンリ

学習ポイント：
「逆に言えば」は、日常的によく使う表現ですが、
「逆は必ずしも真ならず」です。
「逆」をすべて正しいと決めつけてしまうと、
他の大切な可能性を見落とすことがあります。
「逆は必ずしも真ならず」を心に留めておくと、
推論の間違いの多くは防げるのです。

逆さまのロンリの例：
・犬は動物である。逆に言うと、動物は犬である。

自己管理が
できていない人は、
風邪をひく。

逆に言えば、

風邪をひくやつは、
自己管理が
できていない。

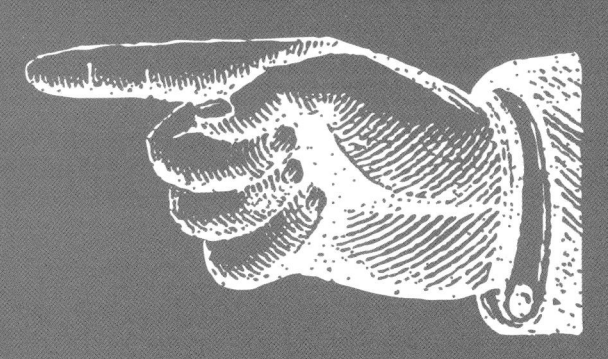

よく言われる
この手の説教は、
正しいか？

ロンリのちから
03

テレス役の礼央と、アリス役のマリーが茫然とした表情で並んで立っています。

映画の中で、2人は、地球にやってきたアンドロイドという設定です。

テレス役の礼央が、今回も途中で芝居をやめてしまいました。台詞に違和感があるようです。監督の杏奈がそのことをとがめます。

おかしい！

「逆に言えば」ってよく言ってるでしょ！

- ♦ **テレス** ここにも生命反応はない。
- ♥ **アリス** わかっていたことだが、やはりない。
- ♦ **テレス** 予想通り、核戦争が起こってしまったようだ。だから人類は滅亡した。
- ♥ **アリス** 核戦争が起こったから人類は滅亡した……。本当

にそうなの……。テレス。
- **テレス** そうだともアリス。逆に言うならば、人類が滅亡したということは、つまり、核戦争が起こったということなのだ……。あれ、何か変だぞ。

....

- **杏奈** カット！ も〜、何でそのまま続けないの、礼央。ここからがいいとこだったのに〜。
- **礼央** この台詞、何か変じゃない？
- **杏奈** そうかしら。どこが変なの？
- **礼央** 理屈が通ってないというか……。
- **マリー** 逆にして説明しようとしてるから、変なんじゃないの？
- **杏奈** 「逆に言えば」って、日常でよく言ってることでしょ。
- **礼央** 言うけど……。
- **杏奈** アンドロイドとは人間型の人工生命体だ。逆に言えば、人間型の人工生命体はアンドロイドだ。ほら、完璧なロンリでしょ？
- **礼央** そうだけど。
- **マリー** 逆にして言っても、いつも正しくなるのかな〜。
- **溝口先生** マリー、良いところに気づいたわね。**逆は必ずしも真ならず**。逆をすべて正しいと決めつけてしまうと、他の大切な可能性を見落とす場合があるのよ。
- **杏奈** そうなの？
- **溝口先生** そう。それではさっそく検証してみましょう。

疑問文にして、他の可能性を考える

> 図書館には本がたくさんある。
> 逆に言うと
> 本がたくさんあるのが図書館だ。

- **杏奈** あれ？ 何か変……。
- **溝口先生** 「図書館には本がたくさんある」は、間違っていない。しかし逆に言った「本がたくさんあるのが図書館だ」の方はどうかしら？
- **杏奈** たしかに本屋にもたくさんあるし、私の祖父の書斎にもたくさんあるわ。本がたくさんある場所は、図書館だけではない……。
- **溝口先生** そう。逆に言ったときに間違っているかどうかを考えるためには、**「本がたくさんある場所は図書館だけ？」と、他の可能性を探ってみる**ことが有効なのよ。

> 図書館には本がたくさんある。
> だけど、
> 本がたくさんあるのは図書館だけ？

- **礼央** なるほど、疑問文にして問い質してみるのか。
- **溝口先生** そう。それじゃあ、他の推論を思いついた人は言ってみて。

🔥 **杏奈** 　じゃあ、私が言うわ。

> テディベアはぬいぐるみだ。
> 逆に言うと
> ぬいぐるみはテディベアだ。

✝ **溝口先生** 　杏奈、よくできたわね。たしかに逆は真になってないわね。
♦ **礼央** 　ふふふっ。
🔥 **杏奈** 　何がおかしいの、礼央？
♦ **礼央** 　いや、杏奈にしてはかわいい文章だと思って。
🔥 **杏奈** 　茶化さないで礼央。そんなに笑うなら自分も考えてみてよ。
♦ **礼央** 　いいよ。簡単だよ。

> 素晴らしい映画には
> 素晴らしいシナリオを書く人がいる。
> 逆に言うと
> 素晴らしいシナリオを書く人がいると
> 素晴らしい映画になる。

✝ **溝口先生** 　なかなかやるわね。
♦ **礼央** 　まあね。
🔥 **杏奈** 　逆に言ったのを疑問文にすると、「素晴らしいシナリオを書く人がいると、素晴らしい映画になるのか？」ということになる……。実際は、シナリオ

だけが良くても監督やスタッフや俳優が良くないと良い映画は撮れない。

- **溝口先生**：マリー、あなたはないの？
- **マリー**：考え中〜。
- **溝口先生**：そう。それじゃあ、ちょっと複雑だけど、こんなのはどうかしら？

午後10時を過ぎているなら、
あそこのレストランが閉まっているよ。
逆に言えば
あそこのレストランが閉まっていれば
午後10時を過ぎている。

- **男(礼央)**：時計持ってる？
- **女(マリー)**：持ってない
- **男(礼央)**：そっか。だいたいでいいから、時間を知りたいんだよな〜。
- **女(マリー)**：あっ、そうだ。午後10時を過ぎているなら、あそこのレストランが閉まってるよ。
- **男(礼央)**：そっか。逆に言えば、あそこのレストランが閉まっていれば、午後10時を過ぎている、ってことか？
- **女(マリー)**：そういうことね。見に行ってみましょう。……あれ〜、やってない。
- **男(礼央)**：ということは、今はもう午後10時を過ぎているってわけだ。

> レストランが閉まっている…
> 閉まっているから10時を過ぎている？
> 今日は定休日かもよ

✝ **溝口先生** どう、わかったかしら？

♪ **杏奈** 最初に言った「午後10時を過ぎてるなら、あそこのレストランは閉まっている」は、正しい情報。しかし、逆に言った「あそこのレストランが閉まっていれば、午後10時を過ぎている」はどうかしら。もしかすると、そのレストランは定休日で朝から閉まっていたのかもしれないし。つまり、午後10時を過ぎてるとは限らない。

いろいろな可能性を考える

✝ **溝口先生** そう、その通りよ。だいぶわかってきたわね。それじゃあ、あなたが書いた台詞に戻りましょう。あの台本には、こんなふうな逆の言い換えが含まれていたわ。

> 核戦争が起こったならば、
> 人類は滅亡する。
> 逆に言うと
> 人類が滅亡したということは、
> 核戦争が起こったということだ。

✝ **溝口先生**　どうかしら？

> 核戦争が起こったならば、
> 人類は滅亡する。
> だけど、
> 人類が滅亡した理由は、
> 核戦争が起こったということだけか？

- ♦ **杏奈**　人類が滅亡した理由は、他にもあるかもしれない……。
- ◆ **礼央**　「核戦争が起こったならば、人類は滅亡する」というのは、核戦争が人類滅亡の1つの理由だと言っているだけなのに、逆にして「人類が滅亡したということは、核戦争が起こったということだ」と言うと、人類が滅亡した理由を核戦争だけに決めつけてしまっている。
- ♦ **杏奈**　だけど、隕石の衝突や、異常気象なんかも原因として考えられる。

人類が滅亡するのは核戦争が起こった時だけか？

いや、隕石の衝突や異常気象のせいかもしれない

- ◆ **礼央** 「逆に言うと」って日常でよく使う表現だけど、こんな落とし穴があったなんて思いもよらなかった。
- ◆ **杏奈** 「逆は必ずしも真ならず」って何かちょっと深い言葉にも聞こえる。私たちは逆も正しいんだって決めつけてしまいがちだけど、そんなふうに決めつけないでもっといろいろな可能性を考えなくちゃいけない、みたいな。
- ✝ **溝口先生** そうね。そんなふうにも聞こえるわね。
- ◆ **マリー** はい、は〜い！ 私、思い浮かびました！ しかも三段論法も使います！

> 恋をするとキレイになる。
> マリーはキレイになった。
> だから、マリーは恋をしているのだ！

- ◆ **マリー** どう？

溝口先生 ずいぶん個人的な内容の推論だけど、「逆は必ずしも真ならず」が言えてるわね。

杏奈 キレイになるのは、恋をしているときだけとは限らない。

マリー でも私は、恋してるからキレイになったんだよ！

溝口先生 だったら、この場合は逆が真になっている例だということね。

礼央 何だ、逆が真にならない例のつもりだったのに、自分でひっくり返しちゃったね。

杏奈 おしかったわね、マリー。

マリー うーん。でも、いいのだ。逆が真になるときもあるのだ！

溝口先生 そう。逆が真になるときもある。逆が必ず間違いになるというのも、決めつけにすぎないわ。

礼央 そうか。逆は必ずしも真ならずっていうことは、真になることもあるっていうことか。難しいね。もしかして、これも……。

溝口先生 そう、これも、**ロンリのちから**。

不思議の国のロンリ劇場
不思議なお茶会

アリス　今日やった「逆さまのロンリ」、実は私たちも物語の中でやってるんだよね〜。

三月ウサギ　そうそう。今日は有名なあのシーンを特別にやってみちゃうぜ〜！

> 私は思ったことを言う。
> 逆に言えば
> 私が言ったことは思ってることだ。

アリス　私は思ったことを言わせてもらうわ。どっちにしても、私が言うことは私が思ってることだもの。どちらも同じことでしょ？

全員　え〜っ？

帽子屋 それじゃあ、「見たものを食べる」ってのと、「食べるものを見る」ってのが、同じことだと言ってるみたいなもんだ。

三月ウサギ 「もらえるものは好きだ」ってのと、「好きなものがもらえる」ってのが同じだ、みたいな！

眠りネズミ それって、「寝るときに息をする」と「息をするときに寝る」が同じだ、みたいな……。

帽子屋 おまえの場合はいつも眠ってるからどっちもおんなじさ。

ロンリのちから03 逆さまのロンリ　解説

「逆」は、日常でひんぱんに発生する要注意の論理

　飛躍した推論の一番ありがちなパターンは、「逆」を使ってしまうことです。そこで、「逆は必ずしも真ならず」という言葉の意味をきちんと理解して、忘れないようにすれば、それだけで推論のまちがいの多くは防げるでしょう。

　「AならばBだ」という条件文に対して、それをひっくり返して「BならばAだ」とすることを「逆」と言います。「AならばBだ」が正しくとも、その逆が正しいとはかぎりません。「39度の熱が出たならば、会社を休む」が正しくとも、その逆「会社を休むならば、39度の熱が出たということだ」は正しくありません。熱以外の理由で休む可能性があるからです。

　「AはBだ」という文の逆は「BはAだ」になります。これも、「AはBだ」が正しくとも、その逆が正しいとはかぎりません。例えば「嘘つきは嫌われる」が正しくても、「嫌われる人は嘘つきだ」は正しくありません。嘘つきでなくとも嫌われる人はいます。

　逆を使って推論をすると飛躍が生じることになります。「嘘つきは嫌われる。テレスは嫌われている。だからテレスは嘘つきだ」という推論はまちがっています。これは、「嘘つきは嫌われる」から「嫌われる人は嘘つきだ」を導いてしまったためのまちがい——逆を用いたまちがい——です。

　しかし、このような推論のまちがいは珍しいものではありません。逆は必ずしも真ならず。このことを押さえて、こうしたまちがいを犯さないようにしてください。

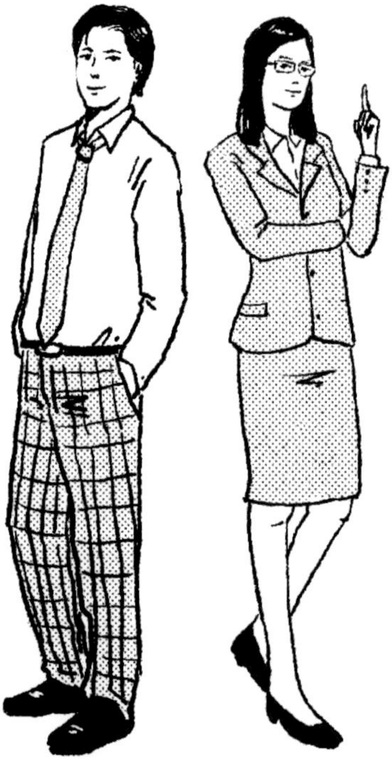

ロンリのちから 04

接続表現・ことばをつなぐ

学習ポイント：
接続表現とは、言葉と言葉をつなぐ役割を持つ
言葉のことです。
論理的に意見を言うためには、
適切な接続表現を選ぶ必要があります。

接続表現の例：
・入場は自由です。ただし、18歳未満は入れません。
・あの人は痩せています。しかし、よく食べます。

Aさんは仕事が早い。
しかし、ミスもする。

....

Aさんは仕事が早い。
ただし、ミスもする。

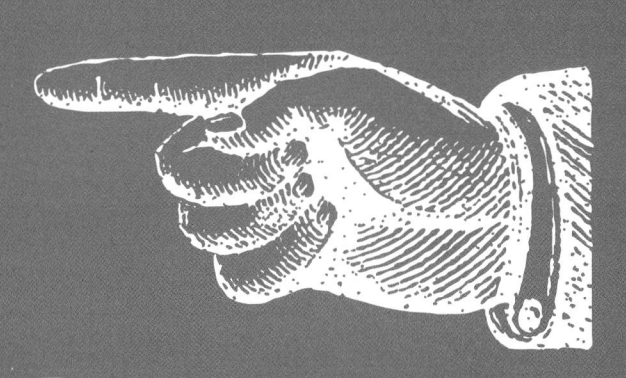

「しかし」と
「ただし」では、
伝わり方が大きく違う。
どう違う？

ロンリのちから
04

校庭で映画の撮影が続いています。アリス役のマリーは、台詞に違和感を覚えたようです。演技を中断してしまいました。

どうやら、文の「つなぎ方」がしっくりこないようです。

しかも？

- ◆ **テレス**　僕はもうすぐ転校しなければならない。
- ◆ **アリス**　さみしい。転校してもずっとつながっていたい。
- ◆ **テレス**　僕も……。

手をつなごうとして、「はっ」と手を離す２人。

- ◆ **テレス**　なぜ心や手をつなぐ……。感情というものは我々アンドロイドにはよくわからない。

- **アリス** 感情を持つのは人間らしいことだ。しかも感情を持つ動物もいる。……ん？ しかも？ 「しかも」って何か違和感がある。

- **杏奈** カット！ マリー、何が変なの？
- **マリー** 何か文のつなぎが変っていうか……。しっくりこないっていうか……。
- **杏奈** 感情を持つのは人間らしいことだし、感情を持つ動物もいるっていうのも、その通りじゃない！ 動物は感情を持たないって言いたいの？
- **マリー** そうじゃなくて、「しかも」でつないだ「感情を持つのは人間らしいことだ」と「感情を持つ動物もいる」の関係がおかしい気がするのよ。
- **杏奈** 関係って……。
- **溝口先生** それは、**接続表現**がおかしいからね。
- **マリー** 溝口先生！
- **杏奈** 接続表現？
- **溝口先生** 接続表現とは、接続詞のように、**言葉と言葉をつなぐ役割を持つ言葉**のことよ。

$$\boxed{\text{言葉}＋\text{接続詞}＋\text{言葉}}$$

- **杏奈** 言葉と言葉をつなぐ役割を持つ言葉……。
- **溝口先生** 論理的に意見を言うためには、適切な接続表現を選ぶ必要があるの。接続表現の使い方を考えてみましょう。

「しかも」は付け加えて強調する(累加)

✝ **溝口先生** 杏奈、まずはあなたの書いたシナリオを検証してみましょう。

> 感情を持つのは人間らしいことだ。
> しかも
> 感情を持つ動物もいる。

✝ **溝口先生** 「しかも」という接続表現は、例えば、

> 雨が降ってきた。しかも風も強くなってきた。

というふうに使うの。「さらにその上」と同じで、**最初に言ったことをいっそう強めるための接続表現(累加)**ね。

「そして」は、続けたり加えたりする接続表現

♠ **杏奈** 私は別に……、強めたかったわけじゃない。
✝ **溝口先生** そうなの? では他の接続表現は思いつくかしら?
♠ **杏奈** 「そして」ならどう?
✝ **溝口先生** やってみなさい。

> 感情を持つのは人間らしいことだ。
> そして
> 感情を持つ動物もいる。

- **杏奈**　あれ。言いたいことがはっきりしない感じがする。
- **溝口先生**　そうね。「そして」でつなぐと、「しかも」でつないだときのような違和感は薄れた。**「そして」というのは、意見を続けたり加えたりするための接続表現**なの。

HAPPY!

感情を持つ人間

↓

接続詞

↑

感情を持つ動物

SAD…

- **杏奈**　たしかにまだ意見は続けたいけれど、でもちょっと違うっていうか……。
- **溝口先生**　杏奈、自分の言いたいことを論理的に考えて。あなたはどうして、「感情を持つのは人間らしいことだ」の後に「感情を持つ動物もいる」と続けたの？

> 感情を持つのは人間らしいことだ。
> ⇩
> 感情を持つ動物もいる。

- **杏奈**　感情はとても人間らしい。まずそう思ったの。その後で、それだけじゃない、感情はけっして人間だけのものじゃないって考えたの。
- **溝口先生**　そう。
- **杏奈**　そういうときに使う接続表現は……。

「しかし」と「ただし」は、逆のことを言う接続表現

- **マリー**　「しかし」はどうかな？

> 感情を持つのは人間らしいことだ。
> しかし
> 感情を持つ動物もいる。

- **礼央**　「しかし」か。何か良さげ。マリーもたまにはアイデア出すんだね。
- **マリー**　礼央、うるさい！
- **溝口先生**　「感情は人間的だ」と「人間だけのものではない」というのは、逆のことを言っているから、「しかし」は良さそうね。他にもあるかしら？
- **礼央**　「ただし」なんてどうかな？

> 感情を持つのは人間らしいことだ。
> ただし
> 感情を持つ動物もいる。

✝ **溝口先生** 「ただし」も、逆のことをつなげるときの接続詞。だけど、「しかし」と「ただし」ではつなぎ方がずいぶん違ってくるの。
♦ **杏奈** どう違うの？
✝ **溝口先生** では、「しかし」と「ただし」を検証してみましょう。

「しかし」…後の言葉を強調

> このレストランは美味しい。しかし高い。

✝ **溝口先生** この人は、「美味しい」ということと、「高い」ということのどちらを強調したいのだと思う？
♦ **杏奈** 「高い」ということの方が強調されてると思う。美味しいけど、高いから食べるのはやめようか、みたいな……。
✝ **溝口先生** そう。それじゃあ、「ただし」だとどうなるかしら？

> このレストランは美味しい。ただし高い。

✟ 溝口先生　今度は、どちらを強調したいのだと思う？
🔥 杏奈　これだと「美味しい」ということの方が強調されてると思う。美味しいから入ろう。ただし、高いから覚悟しとこうね、って感じかな。
✟ 溝口先生　そうね。**「しかし」の場合は、「しかし」の後に続ける言葉がより強調したいことで、「ただし」の場合は「ただし」の前に言う言葉の方がより強調したいことになるの。**

> このレストランは美味しい。
> しかし高い
>
> このレストランは美味しい。
> ただし高い

🔥 杏奈　「しかし」と「ただし」は、どちらも逆のことを言うときのつなぎ方だけど、伝わり方はまったく違うんだ……。
✟ 溝口先生　そうね。ところであなたは「感情を持つのは人間らしいことだ」の後に、「感情を持つ動物もいる」と、逆の意見をつなげようとしたのよね。その続きは？
🔥 杏奈　そうね……。そんなにはっきり考えていたわけじゃないんだけど、こうやって考えてみると、「感情

は人間だけのものじゃない。他の動物だって持っている。ひょっとして、アンドロイドにも感情が持てるかもしれない」ってことが言いたかったんだと思う。

✞ **溝口先生** これでやっと、言いたいことが論理的につながったわね。だったら、それを的確な接続表現でつなげること。さあ、やってみなさい。

🔥 **杏奈** ロールキャメラ！　レディー、アクション！

・・

♦ **テレス** なぜ心や手をつなぐ……。感情というものは我々アンドロイドにはやはりよくわからない。

♥ **アリス** 感情を持つのは人間らしいことだ。しかし感情を持つ動物もいる。

♦ **テレス** 感情というものは、人間だけのものではないということ。アンドロイドの僕らにも……。

・・

🔥 **杏奈** カット！　つながった！

感情を持つのは人間らしいことだ。
　　⇓（しかし）
感情を持つ動物もいる。
　　⇓（ひょっとして）
アンドロイドも感情が持てるかもしれない。

- **マリー**　良かったね、杏奈。
- **礼央**　しっかりつながったね。
- **杏奈**　言葉と言葉をどうつなぐかというのは、本当に大事なことなのね。
- **溝口先生**　そう、きちんと的確につなぐ。それが、**ロンリのちから**。

不思議の国のロンリ劇場
「なぜなら」と「だから」

🐱 **アリス**　ねぇねぇ、接続表現面白かったね。私たちもやってみよ！

🐱 **チェシャ猫**　それじゃあ、「卵は落としちゃいけない」と「卵は割れやすい」の２つはどうつなぐのがいいと思う？

🐱 **アリス**　私は「ただし」がいいな。

卵は落としちゃいけない。
ただし
卵は割れやすい。

🐱 **チェシャ猫**　不正解！　逆のことを言っているわけじゃないから、「ただし」は変。すごく変だ。

🐰 **ウサギ**　「なぜなら」かな。

> 卵は落としちゃいけない。
> **なぜなら**
> 卵は割れやすいから。

チェシャ猫 正解！ 「卵は割れやすい」は、卵を落としてはいけない理由を述べているから、「なぜなら」がいいのさ。
ところで、「なぜなら」に一見似てる「だから」は結論を言うためのもの。ひひひ、逆にな〜れ〜。

> 卵は割れやすい。
> **だから**
> 卵は落としちゃいけない。

チェシャ猫 理由を先に言って、結論をその後に言ってるから、「だから」になる。「なぜなら」とは逆だ。

アリス 面白い！

ロンリのちから04 接続表現・ことばをつなぐ 解説

接続表現を自覚的に使おう！それが、論理力アップの早道

　論理の力とは、言葉と言葉の関係を捉える力です。だから、言葉と言葉の関係を示す言葉、接続詞に代表される接続表現は、論理にとってもっともだいじな言葉となります。

　論理という観点から重要な接続関係をおおまかに捉えるならば、次の四つが挙げられます。

　根拠、解説、付加、転換。

　根拠──相手がまだあなたの主張に納得できないようであれば、あなたは「なぜかというと……」のように自分の主張の根拠を示さねばなりません。解説──相手があなたの話をまだよく理解できていないようであれば、「つまり、どういうことかと言えば」のように解説を加えます。付加──理解し、納得してもらえたならば、「そして」と次の主張を付け加えていくことになります。（「そして」は弱いつなぎ方なので、しばしば省略されます。）転換──そのとき、話の方向がそれまでとは逆方向に転換するのであれば、「しかし」とか「ただし」とつなげることになります。（「しかし」と「ただし」の違いについては本文を読んでください。）

　そんなふうに、適切な接続表現を用いて言葉のつながり方を明確に示していきます。接続表現が的確に使えるようになると、あなたの論理の力は格段にアップするでしょう。接続表現にもさまざまなものがあり、一朝一夕にマスターできるわけではありませんが、まずは、言葉のつなぎ方を意識して、ふだん文章を読むときにも接続表現に注意するようになってください。

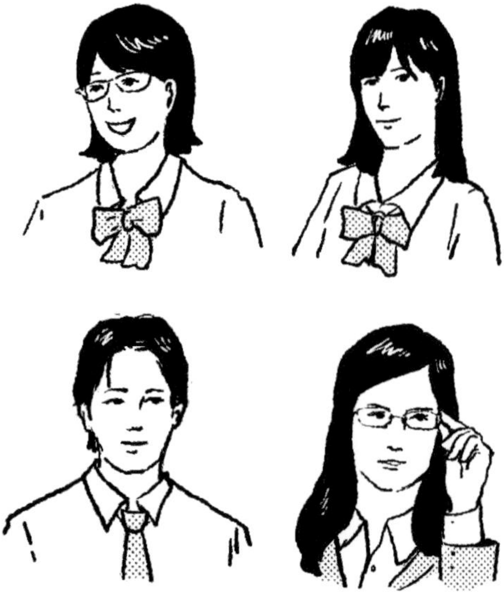

ロンリのちから 05

水掛け論・理由を言う

学習ポイント：
互いに自分の意見を主張するだけで、平行線のまま結論にたどりつかない議論のことを「水掛け論」といいます。
「水掛け論」から抜け出すためには、「なぜ、そう思うのか」という「理由」を出しながら議論することが必要です。

水掛け論の例：
「あのとき、ああ言ったじゃないですか！」
「いや、言わないよ」
「いえ、言いました！」
「絶対、言っていない！」

Aさん
「残業は、しない方がいい」

　　　………………………………

Bさん
「残業は、した方がいい」

　　　………………………………

Aさん
「いや、
　残業は絶対にしてはいけない」

　　　………………………………

Bさん
「残業はどんどんやるべきだ」

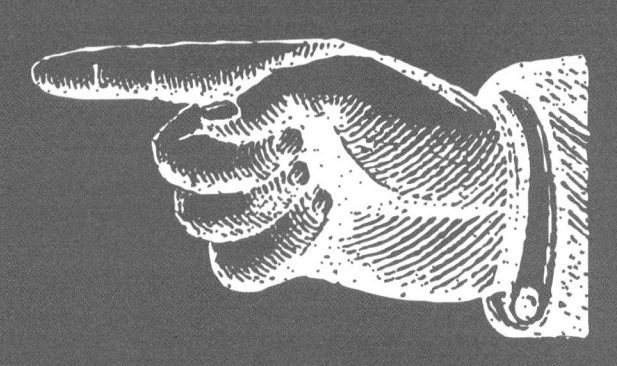

Ａさんと
Ｂさんの議論、
答えを出すには
どうすればいい？

ロンリのちから
05

アリス役のマリーと、テレス役の礼央が、お互いに「アンドロイドに感情は必要ではない！」「いや、必要だ！」と意見を交わすシーンを撮影中です。

監督の杏奈にとって、映画のテーマに関わる重要なシーンです。ところが礼央は、杏奈の演出に疑問を持つようになり、芝居を途中で止めてしまいます。

マリーは、「映画のタイトルを先に決めた方が、テーマがはっきりしてくるのではないか」と提案します。

- ◆ **テレス** アリス、そもそもアンドロイドに感情は必要なのか？
- ● **アリス** テレス、感情は必要だ。
- ◆ **テレス** 感情は必要だと思わない。

- 🔥 **アリス** 必要だ。
- 💧 **テレス** 必要だと思わない。
- 🔥 **アリス** 必要だ！
- 💧 **テレス** 必要ではない‼ ……って、このやりとりくどくない？

....

- 🔥 **杏奈** カット！ 礼央！ この映画は「感情」がテーマなの。だから、ここでくどいくらいに言い合わないとその重要性が表せないの。
- 💧 **礼央** そうだったの？ アンドロイドが売りの物語だと思ってた。
- 🔥 **杏奈** 勝手に決めないで！
- 💧 **マリー** ん〜。そろそろタイトルを決めるべきじゃない？ タイトルが決まってないからこういう問題が起きる気がする。

マリー、礼央、そして杏奈は教室に戻り、映画のタイトルを考え始めました。

ところが、それぞれが「自分の考えたタイトルが一番いい」と主張し、まったく譲ろうとしません。

言い合いを始める3人。見かねた溝口先生が口をはさみます。

- 💧 **マリー** それではタイトルを決めましょう。杏奈から！
- 🔥 **杏奈** 『機械の感情』ってどう？
- 💧 **礼央** 僕は、『アンドロイドの涙』がいい。
- 💧 **マリー** 私は、『こころの国のアリスとテレス』がいいな。
- 🔥 **杏奈** やっぱり、『機械の感情』が一番いいと思う。

- ◆ 礼央　えー、『アンドロイドの涙』の方が良くない？
- ◆ マリー　あの〜私、部長なので、『こころの国のアリスとテレス』でいかせていただきたく……。
- ◆ 杏奈　信じられない！『機械の感情』で決まりでしょ。
- ◆ 礼央　そんなことないよ。
- ✞ 溝口先生　みんなどうしたの、子どもみたいに言い合って。あなたたちが今行ったのは、「**水掛け論**」よ。
- 一同　水掛け論？
- ✞ 溝口先生　そう、そしてさっき撮っていたあのシーンも水掛け論。水掛け論とは何か、さっそく検証してみましょう。

水掛け論は、平行線のまま結論の出ない議論

- ✞ 溝口先生　水掛け論とは、**互いに自分の意見を主張するだけで、平行線のまま結論にたどりつかない議論**のことを言うの。
- ◆ 礼央　平行線かぁ……。
- ✞ 溝口先生　そう、イメージとしてはこんな感じ。

必要だ！
必要ない！
水掛け論
平行線

- **テレス** そもそもアンドロイドに感情は必要なのか？
- **アリス** 必要だ。
- **テレス** 必要だと思わない。
- **アリス** 必要だ！
- **テレス** 必要ではない。

- **杏奈** こんなことをやっていたら、永遠に結論にたどりつかない。
- **マリー** 何でそう考えるのか、理由を言えばいいんじゃない？ 私が演じてるアリスは、感情は必要だと思っている。その理由は？
- **杏奈** アンドロイドが進化するため……かな。
- **溝口先生** 杏奈、どうしたの？ 腑に落ちないようね。
- **杏奈** ん〜。理由を言うだけだと、まだ何か足りない気がする……。
- **溝口先生** そうかしら、一度やってみたらどう？

- **テレス** アリス、なぜそう考える？
- **アリス** テレス。それは我々アンドロイドが進化するためだ。
- **テレス** いや、感情は争いや対立の原因となりうるから必要ない。
- **アリス** いや、感情がなければアンドロイドはたんなる機械仕掛けのままだ。
- **テレス** いや。

> 感情がいらない理由は
> 感情が争いを生むから

> 感情は争いも生むけど
> やさしさも生む

- 杏奈　カット！　やっぱりダメ。
- 溝口先生　杏奈。どうしてこれではダメなのだと思う？
- 杏奈　なぜって、理由を言っても言わなくても、2人が別の意見を持っていることに変わりはないわ。
- マリー　そうかなあ。感情がなぜ必要なのかって**理由を説明することで、議論が始まってる**気がするんだけど。
- 杏奈　だけど、今のままだとお互い相手の理由を受け入れず、自分の理由を言っているだけじゃない。
- 礼央　だったら、相手の理由に対しても意見を言えばいいんじゃないかな？
- 溝口先生　そう、いいところに気がついたわね、礼央。
- 杏奈　感情は本当に争いを生むだけなのか、とアリスがテレスに対して尋ねるとか？
- マリー　あ、そのセリフで、相手にクローズアップした感じになった。
- 杏奈　「感情は争いも生むけれど、やさしさも生む」と意見を付け加える……。

✝ 溝口先生　いいわね。これで議論が深まる。

♦ アリス　たしかに感情は争いや対立を生む。しかし、感情があるからやさしくもなれる。さらに進化するためには感情が必要だ。
♦ テレス　でも、人間に近づくことが、アンドロイドの進化なんだろうか。ん……あれ？

答えを出せなくても、議論を重ねることが大事

♦ 杏奈　カット！
♦ 礼央　やっぱり、まだ平行線じゃない？
♦ 杏奈　感情が必要なのかどうか、どっちが正しいのか、まだ私には決めきれない。
✝ 溝口先生　杏奈、**水掛け論から脱したからといって、すぐに答えを出す必要はないの**。こうして**議論しながら考えを深めることが大事**なのよ。
♦ 礼央　水掛け論から脱するためには、意見を言うときに「どうしてそう考えるのか」という理由も言う。
♦ マリー　そして、相手の挙げた理由を無視しないで、それについて議論するっていうことよね。
♦ 礼央　あ、そうだ。議論と言えば、映画のタイトルを決めるの忘れてた！
♦ マリー　はいは〜い、それじゃあ部室に戻りましょ〜。

礼央、マリー、杏奈は部室に戻って、タイトルについて再び考え始めます。

今度は、3人とも「どうして、そのタイトルがいいと思うのか」理由を挙げながら意見を述べました。

- **マリー** それではここからが本題。まず、なぜそれがいいのか理由を言わなくちゃ。
- **礼央** じゃあ僕から。アンドロイドが主人公なので、まず「アンドロイド」。それから、アンドロイドが感情を手に入れようとする物語だから、感情の象徴として「涙」。それで、『アンドロイドの涙』。
- **マリー** はいはい！ 次は私。えっと、私も感情は入れたいけど、柔らかい言い方にして「こころ」。それと、2人の名前が不思議の国のアリスと哲学者のアリストテレスから来ているので、2人の名前を入れました。
- **杏奈** 私も、キーワードは「感情」だと思う。そして、あえて冷たいイメージのする「機械」という言葉を選んで、並べてみたの。
- **マリー** そうか。意見がバラバラだと思ったけど、みんな「アンドロイド」と「感情」の対比を考えてるんだ。
- **礼央** そうしたら、「アンドロイド」とそのまま言うのがいいのか、より冷たい感じの「機械」にするのがいいのか、それとも登場人物の名前を使って「アリスとテレス」にするのがいいのか。
- **杏奈** 後は、「感情」と言うか、柔らかくして「こころ」にするか、それとも象徴的に「涙」と表現するか。
- **溝口先生** 議論の始まりね。

アンドロイド (登場人物)	感情
アンドロイド (礼央)	涙 (礼央)
アリスとテレス (マリー)	こころ (マリー)
機械 (杏奈)	感情 (杏奈)

水掛け論を避けるために大切な「2つ」のこと

- **礼央** また水掛け論にならないように注意しないとね。
- **マリー** そう、水掛け論って意地を張り合うとすぐに始まっちゃう。

【水掛け論にならないための方法】
①理由を挙げて意見を言う
②相手の挙げた理由を検討する

- **杏奈** 理由を挙げて意見を言うこと。そして、**相手の挙げた理由をきちんと検討する**こと。それが、水掛け論にならないための方法なんだ。もしかして、これも……。
- **溝口先生** そう、これも**ロンリのちから**。

不思議の国のロンリ劇場
女王様の循環論法

- **アリス**　ウサギさん、ウサギさん。水掛け論といえば女王よね。
- **ウサギ**　そうだね。あの人とはまったく議論にならないよ。何かといえばすぐに「こやつの首をはねろ」だもんね。
- **女王**　何か言ったかい？
- **アリス**　あ〜、女王様！
- **女王**　お前たち、私の悪口を言ってたね？
- **アリス**　言ってません。
- **女王**　いいや、言ってた。こやつらの首をはねろ！
- **ウサギ**　言ってないのに、どうして首をはねるんですか！
- **女王**　お前たちの首が、まだつながっておるからじゃ。
- **アリス**　首がまだつながっていると、どうしてはねなくちゃいけないの？
- **女王**　お前たちの首は、はねられるべきだからじゃ。

> お前たちの首ははねられるべきだ。
> だから、はねなければならない。

- **ウサギ** 女王様、理由と結論が同じになってますけど。
- **チェシャ猫** 理由と結論が同じ。そういうのは循環論法っていうんだぞ。
- **アリス** 循環論法だ。循環だ！　堂々巡りだ！　循環だ！　女王様の論理は循環論法だ！
- **女王** その首のない猫の首も、はねてしまえ！
- **アリス** ない首まではねたいなんて、女王って本当にわがままね。

ロンリのちから05 水掛け論・理由を言う　解説

水掛け論を脱して議論をかみあわせるために

　自分の主張に相手が納得してくれなかったならば、なぜそう主張するのか、どうしてそう考えなければならないのか、理由を述べて説得を試みなければなりません。逆に、相手の主張に納得できないときには、その主張の理由を尋ねることが必要となります。

　理由もなしにただ主張するだけの場合、その主張は「独断的」と言われます。独断的な主張を言い合うだけだと、「水掛け論」となります。私たちはしばしば水掛け論に陥り、そして、大きな声で威圧的に主張した方の意見が通ってしまいます。言うまでもなく、それは好ましい事態ではありません。

　それを避けるには、理由を述べて主張をすることが必要です。しかし、いくら理由を述べても、それを無視して言い合っているのでは、相変わらず水掛け論のままです。相手がBという理由を挙げ、「BだからAなのだ」と言ってきたならば、あなたは相手のその発言を検討しなければなりません。

　そのさい、推論の正しさをチェックする二つの観点（第2回でやりました。覚えていますか？）がここでも有効となります。「BだからAなのだ」に対して、（1）BからAを結論するところに飛躍はないか、（2）本当にBなのか、その二つをチェックするのです。そして、納得できなければ、「いや、Bではないと思う」とか「確かにBだが、だからといってAが結論されるわけではない」といった形で反論することになります。こうして、水掛け論を脱してかみあった議論ができるようになるのです。

ロンリのちから 06

暗黙のロンリ

学習ポイント：
「暗黙の了解」とは、お互いにわかっていると
思っていて、口に出さない前提のことです。
しかし、全員が前提を共有しているとは限りません。
前提を明らかにしておかないと、
話が正確に伝わりません。

暗黙のロンリの例：
・夕焼けがキレイだから、
　明日は傘を持っていかなくていいね。
→「夕焼けの翌日は晴れる」という暗黙の了解がある。

彼は愛想が悪い。
だから、
営業に向かない。

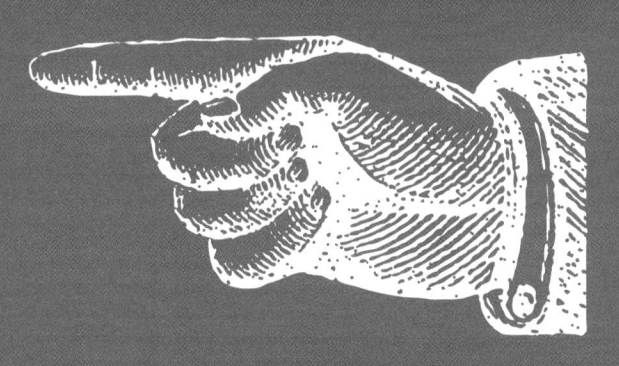

ここに、
どういう「前提」が
隠れているか？

ロンリのちから
06

テレス役の礼央と、アリス役のマリーは、杏奈が書いた台本が理解できず、演技を止めてしまいます。

> 花がキレイだから
> 我々は星に帰るべきだ

- ◆ **テレス**　アリス、なぜ君は花をそこに置く？
- ● **アリス**　この花がキレイだからよ。
- ◆ **テレス**　アリス、我々は星に帰るべきではないだろうか。
- ● **アリス**　なぜそう考えるの？　テレス。
- ◆ **テレス**　君が花をキレイだと思った。私もそう思う。だから、我々は星に帰るべきだ。
- ● **アリス**　私もそう思う、テレス。そうすべきかもしれない。

- ◆ **礼央**　って、ちょっと待った。

- **杏奈** カット！ 何なの礼央。何で続けないの〜。
- **礼央** 「君が花をキレイだと思った。私もそう思う。だから、我々は星に帰るべきだ」って、何か雰囲気はいいけど、どういう理屈かよくわからない。花がキレイだからって、どうして2人は自分たちの星に帰らなきゃいけないの？
- **マリー** うん、私もアリスとテレスが何で納得しあってるのか、よくわかんなかった。
- **礼央** 登場人物が、勝手に物語を進めちゃってる気がする。
- **杏奈** そんなことない！ みんなわかるよね？

暗黙の了解とは、口に出さない前提のこと

杏奈は、「そんなことはない。理屈は通っている」と反論し、部員たちの同意を得ようとします。ところが、部員たちはみな、首を横に振りました。
「どうして花がキレイだと星に帰らなければいけないのか」、誰もその理由がわかっていない様子です。

- **礼央** ほら。
- **杏奈** おかしいな。
- **溝口先生** 「暗黙の了解」の問題ね。
- **杏奈** 暗黙の了解って？
- **溝口先生** **お互いにわかっていると思っていて、口に出さない前提のこと。**
- **マリー** でも、わかっていなかった。

✝ 溝口先生　そう、**お互いにわかっていると思っていても、実はわかっていないことがあるわ。そんな場合には、話が飛躍して伝わらなくなる**の。例えば、これはどうかしら。

◆ 男(礼央)　最近ずっと雨続きで、野菜が高い。だから、僕は嬉しい。
♥ 女(マリー)　そう、最近ずっと雨続きで、野菜が高い。だから、私も嬉しい。

> 最近野菜が高いから僕は嬉しい

> 最近野菜が高いから私も嬉しい

✝ 溝口先生　2人がどうして野菜が高くて喜んでいるのか、理由がわかったかしら？
♦ 杏奈　　ん～、わからなかった。今のも暗黙の了解が隠れているの？
✝ 溝口先生　そうよ。どういう暗黙の了解が隠れているか、考えてみなさい。
♥ マリー　　あ、わかるような気がする。野菜が高いとママが

あんまり買ってこないの。それでね、私は野菜嫌いだから、ちょっと…、うん〜、超嬉しい！

杏奈 たしかに、そう説明されればわかる。

男(礼央) 最近ずっと雨続きで、野菜が高い。
女(マリー) 高いと母は野菜を買わない。だから、野菜嫌いの私も嬉しい。

男(礼央)
女(マリー) そう、私たちは野菜嫌いなのだ。

> 野菜が高い
>
> 野菜が高いと母が買わない。嫌いな野菜を食べないで済む。
>
> 嬉しい

礼央 なるほど、「野菜が高い」と「嬉しい」の間に、「野菜が高いと母が買わない」。そして「2人は野菜嫌い」っていう前提が隠れていたんだ。

杏奈 こうやって暗黙の了解を説明してくれると、よくわかるわ。知らないと理解できないし。

「花がキレイ」と「星に帰る」の間にあるのは？

✝ **溝口先生** 杏奈、あなたが書いた台詞はどうかしら？

- **テレス** 君が花をキレイだと思った。私もそう思う。だから、我々は星に帰るべきだ。
- **アリス** そうね、テレス。そうすべきかもしれない。

- **杏奈** 説明しなくてもわかるって思ったけれど、「花をキレイだと思った」と「星に帰るべきだ」の間には飛躍があるかも。花を見てキレイだと感じた。つまりアンドロイドには本来感情がないはずなのに、キレイだと思う感情が芽生えたってこと。
- **マリー** ん？ どうして感情が芽生えたら、帰らなきゃいけないの？
- **杏奈** アンドロイドは感情を持たない。でも、感情が芽生えてきちゃった。だから、故障したに違いないと思って、修理のためにいったん帰ろうと考えたの。あ〜。礼央とマリーにすらわかってもらえなかったってことか〜。
- ✝ **溝口先生** そういうことね。

- **テレス** 私もこの花をキレイだと思う。つまり、我々に感情が芽生え始めたのだ。しかし、アンドロイドが感情を持つことはないはず。これは故障に違いない。我々は修理のために星に帰るべきだ。

私もこの花を
キレイだと思う

故障や

修理が必要だ！

感情が芽生えた
↓
故障
↓
修理
↓
星に帰るべきだ

- **マリー** これでよくわかった。とうとう2人は感情を手に入れたんでしょ！　この先どうなるの？　楽しみ！
- **杏奈** 良かった。きちんとした形に書き直すことができて、良くなったと思うわ。

違和感がないのは、欠けたものを補っているから

- **礼央** 「失敗は成功のもと」って言うからさ…って、あれ？　「失敗は成功のもと」って、何だか説明が飛躍してない？
- **マリー** 失敗したのに成功するって、意味がわからない。
- **溝口先生** 「失敗は成功のもと」とは、失敗した原因を突き止めることによって成功する手がかりを見つけることができる、という意味のことわざね。

失敗 ⇒ 暗黙の了解 ⇒ 成功

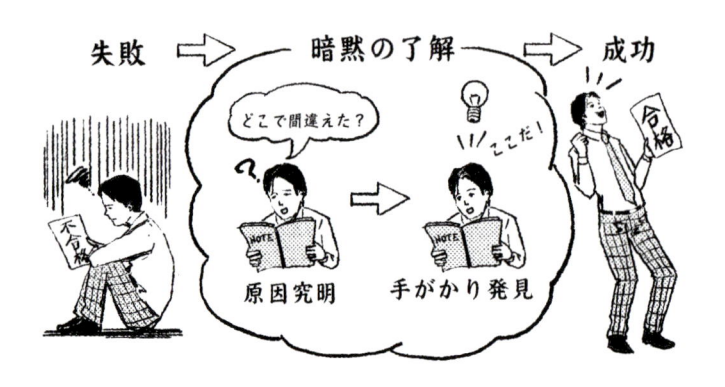

どこで間違えた？
原因究明 → 手がかり発見
ここだ！
合格

- **杏奈** 普段、**違和感を持たないのは、頭の中で欠けている説明を補っている**のかも。
- **マリー** つまり、暗黙の了解ね。
- **溝口先生** マリー、わかってきたようね。
- **礼央** あ、そういえば昨日、家でこんな会話があった。
- **溝口先生** どんなのかしら。

イケメンだからといって、モテるわけではない

- **礼央** 妹がね、好きな男子ができたらしいんだ。どうしようかって悩んでたから、「思い切ってぶつかっていきなよ」って言ったらさ、「無理だよ、だってイケメンなんだもん」って。
- **マリー** 何で？ イケメンいいじゃん！
- **礼央** でしょ？ 飛躍してるでしょ？ だから、「イケメンだと、どうして無理なの」って聞いたら、「イケメンだとモテる。モテるから絶対もう彼女がいる。

だからダメだ」って。それって違うよね。イケメンだからってモテるとは限らない。兄を見ろよって言ってあげたんだ。

- ♦ **杏奈** ん？　それってどういう意味？
- ♦ **礼央** まぁあ……、ね……、その……一応イケメンかなって……。でも、モテないなってね……。
- ♦ **杏奈** ふ〜ん。まぁ、礼央はほっといて。モテるからって彼女がいるとは限らないし、私は中身重視だから、顔だけでは選ばないな〜。
- ♦ **礼央** そうなの？
- ♦ **杏奈** そうよ、悪い？
- ♦ **礼央** いや、悪くないけど……。
- ✝ **溝口先生** そう。**飛躍した説明には暗黙の了解が前提として隠されていることがある。しかも、それが間違った前提かもしれない**。だからこそ、飛躍した説明は危険なのよ。
- ♦ **杏奈** 危険な、飛躍ね。

【危険な飛躍】
彼はイケメンだ。
だからつき合ってもらえない。

暗黙の了解が間違っていることもある

- ♦ **マリー** そういえば、去年のスキー教室でナツメくんっていうクラスの男子にお手本を見せてもらおうって話になって、ナツメくんが「どうしてオレなん

だ?」って驚いたの。みんなは「お前、北海道出身じゃないか!」って言ったんだけど。

- ◆ **礼央** それ、「北海道出身だからスキーがうまい」っていう暗黙の了解があったわけだ。
- ◆ **マリー** そう。だけど、「北海道出身でもスキーがうまくない人は普通にいる」って言われちゃって。
- ◆ **礼央** つまり、暗黙の了解が間違ってたわけだ。まあ、ありがちな決めつけだけどね。
- ◆ **マリー** 私も経験したことある。私、帰国子女だからさ、英語で道聞かれたりしたときに、みんな私に押しつけるんだよね。
- ◆ **礼央** 帰国子女は英語がうまい、っていう暗黙の了解だね。
- ◆ **マリー** だって私、いたのフランスだよ。メルシーだよ。サンキューじゃないもん!

【暗黙の了解が間違っている】
× 北海道出身 ⇒ スキーが上手
× 帰国子女 ⇒ 英語が上手

- ◆ **杏奈** 当たり前だと思っていた暗黙の了解が、実は間違っていたってことがある。
- ✝ **溝口先生** ときには闇に隠された前提に光を当てて明るみに出す。そう、それも**ロンリのちから**。

不思議の国のロンリ劇場
風が吹けば桶屋が儲かる

- **アリス**　ねぇねぇ、ウサギさん、ウサギさん。
- **ウサギ**　なんだいアリスちゃん。
- **アリス**　暗黙の了解ってさ、ことわざにもあるよね。
- **ウサギ**　「失敗は成功のもと」もそうだね。
- **アリス**　「かわいい子には旅をさせろ」ってのもあるでしょ？　これも何か暗黙の了解が隠れてるよね？　かわいいなら家で大切に育てればいいのに！
- **ウサギ**　まぁまぁ、落ち着いて。旅をしていろんな経験をした方が、子どものためになるっていう暗黙の了解が前提にあるんだね。
- **アリス**　それって私じゃん！　こんな不思議な世界を経験してるんだもん！
- **チェシャ猫**　風が吹けば桶屋が儲かる〜！

🐱 **アリス**
🐰 **ウサギ** 　出た〜！　チェシャ猫！

🐱 **アリス** 　何で風が吹くと桶屋が儲かるの？
🐈‍⬛ **チェシャ猫** 　昔のことわざさ。いいかい。

風が吹くと、
土ぼこりが目に入って目が見えなくなる。
　⇓
三味線を弾いて生計を立てる盲人が増える。
　⇓
三味線には猫の皮が使われているので猫が減る。
　⇓
猫が少なくなって、増えたねずみが桶をかじる。
　⇓
桶を買い替えなくてはいけない。

🐈‍⬛ **チェシャ猫** 　というわけで、風が吹くと、桶屋が儲かる〜！

🐱 **アリス**
🐰 **ウサギ** 　もう、わけわかんない！

ロンリのちから06 暗黙のロンリ 解説

隠れた前提を探り出す作業が新たな道をつくる

　気心の知れた相手や同じ業種の人であれば、言わなくともお互いに分かっている「暗黙の了解」が数多くあります。また、伝統的に日本人は、なるべく多くのことを暗黙のうちに分かりあい、できるだけ少ない言葉でやりとりするコミュニケーションを好む傾向があったと思われます。いわゆる「あ・うん」の呼吸です。

　しかし、現代では異なる世代や業種の間だけではなく、文化も慣習も違う諸外国の人たちともコミュニケーションをとらねばなりません。そこでは、もはや「あ・うん」のコミュニケーションは無力です。自分が暗黙のうちに了解していること、しかし相手が共有してくれていないかもしれないことを、一つ一つ自覚しながらきちんと伝えていかねばなりません。

　暗黙の了解を明るみに出すことには、もう一つの重要な意味があります。例えば新商品の売れ行きが悪かったときに、値段が高すぎたのだと考える。そう考えたことの背景には「値段の高いものは売れない」という暗黙の前提があります。ところが、商品によってはこの前提こそが誤りであり、むしろ高価な価格設定のもとに高級感を出すことの方が売れ行きが上がるということもありえます。こうした場面において、暗黙の了解を暗黙のままにしていたら、まちがいを正すこともできはしません。

　自分がもっている暗黙の了解を自覚することは難しいことです。しかし、それができなければ、ときに目の前の壁を突破することもできないのです。

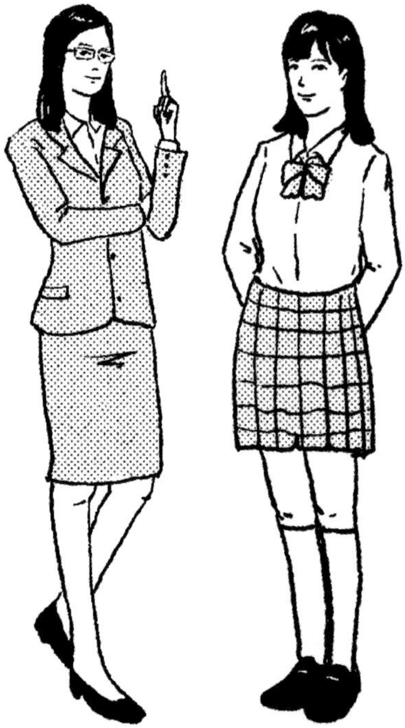

ロンリのちから 07

仮説形成

学習ポイント：
「仮説形成」とは、ある事柄に対して「なぜ？」という謎に答えるために、その謎を説明する仮説を立てることです。仮説を立てたら、検証する必要があります。

仮説形成の例：
なぜ、部屋の窓ガラスが割れているのか。
・仮説①…外から何かが飛び込んできた。
・仮説②…内側から誰かが割った。
・仮説③…経年劣化や温度差で自然と割れた。

ここ数年で、恋愛にガツガツしない「草食系男子」が増えた。
これは
なぜだろうか。

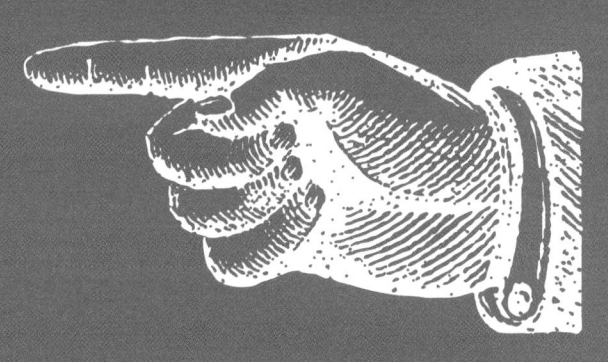

この疑問に対する
「仮説」を
考えてみよう。

ロンリのちから
07

　放課後、部室に入ってきた映像部のメンバーたち。杏奈は、机の上に置いてある自分のシナリオを見つけます。どうやら置き忘れていた様子です。

　ほっとしながらシナリオを手に取ると、表情がみるみるうちに曇っていきます。杏奈のシナリオには、何者かによって、たくさん書き込みがされていたのです。

（シナリオが荒らされてる！）

- 杏奈　やっぱり部室にあった。あ……。
- マリー　どうしたの？
- 杏奈　シナリオが荒らされてる……。

- 礼央　え～！
- マリー

◆	**礼央**	これって、演出や撮影のアイデアだよね。
♦	**杏奈**	ロングショットを多用、ジャンプカットでつなぐ、シャローフォーカスでマクガフィンをおく……って、専門的なことばかり。
◆	**礼央**	スゴイ。僕には難しくて半分もわからないや。
♥	**マリー**	私、全然わからない。
♦	**杏奈**	みんなは？

部員たちも、首を横に振ります。誰も、言葉の意味がわからないようです。

ではいったい、誰が杏奈のシナリオを荒らしたのでしょうか？犯人として疑われたのは、何と、溝口先生でした。

◆	**礼央**	ということは、僕たち映像部以外の生徒がやったってこと？
♦	**杏奈**	それはありえない。鍵をかけておいたもの。
◆	**礼央**	じゃあ、犯人は鍵が自由に使える人物？
♦	**杏奈**	そして、映画に詳しい。
♥	**マリー**	溝口先生？
◆	**礼央**	溝口先生の字、こんなに汚くないよ。
♥	**マリー**	わざと汚く書いたのかも。
♦	**杏奈**	そうね、溝口先生より映画に詳しい先生はいない……。
◆	**礼央**	これは、密室のトリックだね。つまり、こうだよ。杏奈がいるときに犯人はそっと入ってきた。そして物陰に隠れている。そのままこの部屋にいて、書き込みをする。そして、僕たちがシナリオの書き込みに驚いているときに、そっと出ていった。

ガラガラガラ……。突然開くドアの音にびっくりするメンバーたち。教室に入ってきたのは、溝口先生です。

仮説形成を行って、仮説が正しいか検証する

- **一同**　溝口先生！
- **溝口先生**　続けて。
- **杏奈**　礼央が言うような可能性は考えられるけど、そこまでしてシナリオに書き込みをする動機がわからない。
- **溝口先生**　面白いわね。あなたたちが今やっていることは、**「仮説形成」**というの。
- **一同**　仮説形成？
- **溝口先生**　仮説形成とは、**ある事柄に対して「なぜ？　どうして？」という謎に答えるために、その謎を説明する仮説を立てること**。だけど、仮説はまだ仮の説にすぎない。だから、**仮説を立てたら、その仮説が正しいかどうかを検証しなくてはいけない**の。あなたたちに、有名なエピソードを紹介してあげるわ。

なぜ、病棟によって母親の死亡率が違うのか？

19世紀のウィーンの病院。ここには第1病棟と第2病棟があって、それぞれでお産が行われていた。

ところが、第1病棟の方が第2病棟よりも
産後の母親の死亡率が高かった。それはなぜか？

【産後の母親の死亡率】
・第1病棟……11％
・第2病棟…… 3％

第一病棟
母親の死亡率11％

第二病棟
母親の死亡率３％

● **マリー** 謎が現れた。
✝ **溝口先生** 謎に対する仮説は、通常複数考えられる。だから、想像力をふくらませて、さまざまな仮説を考えていくの。

ポイント① 「謎」を説明する仮説を考える

- 杏奈：例えば、医療設備とか、環境の違いが原因かしら？
- 礼央：「第1病棟の方が死亡率が高い」という評判が立って、それがお産をする人に不安を与えた、とか。
- マリー：第2病棟の医者はベテランなので、第1病棟の医者の方が新米だったのかも。
- 溝口先生：いいわね。仮説を考えたら、それを検証していきましょう。

【死亡率が違う理由の仮説】
仮説① 医療設備や環境の違い
仮説② 産婦に不安を与えた
仮説③ 医者の経験の違い

- 杏奈：私が立てた「環境の違い」という仮説はどうかしら？
- 溝口先生：当時もそれが疑われたわ。だけど調査した結果、大きな違いは見出されなかった。

ポイント② 仮説の正しさを検証する

- 礼央：じゃあ、不安を与えた、という仮説は……。
- 杏奈：それが大きな死亡率の違いにつながるのかなあ。
- 溝口先生：そうね。少し無理があるわね。
- マリー：医者の経験の違い、というのはどう？
- 溝口先生：でもね、死亡率が高い第1病棟では医者が出産を担当し、死亡率が低い第2病棟では、医者に比べると医学の専門知識を持たない助産婦が担当して

いたの。
- ● **礼央** え？　医者が担当していた方が、死亡率が高かったの？
- ✝ **溝口先生** そう。

```
仮説①　医療設備や環境の違い……×
仮説②　産婦に不安を与えた………×
仮説③　医者の経験の違い…………×
```

検証の結果、3つの仮説は、どれも間違いであることがわかりました。

しかし、「死亡率が高い第1病棟では医者が、第2病棟では助産婦がお産を担当していた」という新しい事実が浮かび上がりました。

- ● **マリー** そこに新たな謎がありそう。
- ● **杏奈** 医者と助産婦の違い……。医者はお産以外にもいろいろな病気を診る。何か関係ないかな。
- ✝ **溝口先生** いいところに気がついたわね。第1病棟の医者は解剖などもしていたのよ。しかも、当時は病原体という考え方も感染という考え方もなかったから、消毒もきちんとしなかったの。
- ● **礼央** 院内感染だ。
- ✝ **溝口先生** そこで、消毒を義務付けたら死亡率が減少した。
- ● **杏奈** 仮説が検証された。
- ✝ **溝口先生** これは当時、その病院の医者だったゼンメルワイ

スという人が実際に行った仮説形成よ。あなたたちのシナリオ書き込み事件も、こんなふうに考えていくの。
- 杏奈 よし。私たちも仮説形成で、にっくき犯人を必ず見つけてやる。

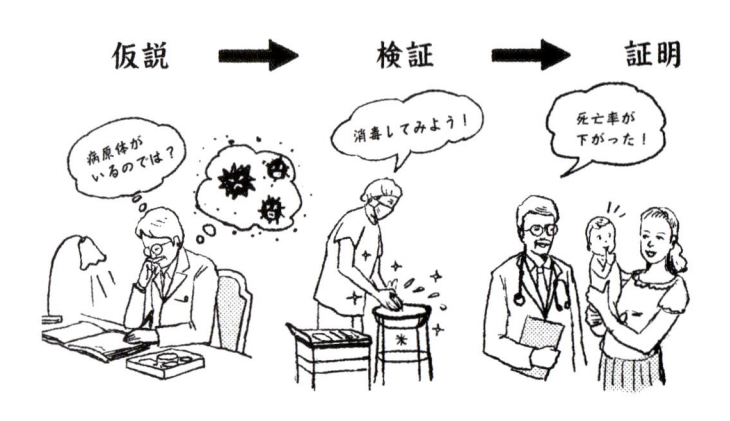

仮説 ➡ 検証 ➡ 証明

（病原体がいるのでは？）（消毒してみよう！）（死亡率が下がった！）

仮説を立てたら、必ず検証する

- マリー まず「謎」を説明する仮説を立てるんだよね。

仮説① 犯人は映像部以外の生徒だ

- 礼央 最初に、映像部以外の生徒がやったという仮説が出された。
- マリー 仮説を立てたら、検証しないとダメよね。
- 杏奈 でも、部室には鍵がかかっていたし、映像部以外

の生徒は部室の鍵を自由に使えない。
- **マリー** そこで密室のトリック！
- **杏奈** でも、それも不自然でありそうにない。だから、映像部以外の生徒という仮説は否定される。

仮説① 犯人は映像部以外の生徒だ。
⇓
検証① 部室には鍵がかかっている。
映像部以外の生徒は部室の鍵を自由に使えない。
⇓
仮説①は「間違い」である。

- **礼央** 次に、「犯人は鍵が自由に使えて映画に詳しい人物だ」という仮説が立てられた。

仮説② 犯人は鍵が使えて映画に詳しい人物

- **杏奈** その仮説が正しいとすると、犯人は溝口先生しかいない。
- **礼央** だけど、溝口先生の字はあんなに汚くない。とすると、この仮説も否定される。

仮説② 犯人は鍵が使えて映画に詳しい人物。
⇓
検証② 書き込みの字は汚いが、溝口先生の字は汚くない。
⇓
仮説②は「間違い」である。

溝口先生	では、その仮説のどこが間違っているのか、そこを修正する新しい仮説はない？
礼央	「鍵が使えて、映画に詳しい人物が書き込みをした」という仮説が否定されると……。
杏奈	でも、映画に詳しくなければ、あんな書き込みはできないし、鍵が使えなければ入れない。
マリー	あ！
礼央	何か思いついた？
マリー	1人じゃないかも！
杏奈	え？
マリー	鍵を持っている人と、映画に詳しい人が別々で、2人。
杏奈	鍵を使える先生が、映画に詳しい誰かを、連れてきた……。
礼央	なるほど、複数犯人説か。
杏奈	そんなことをしそうな先生は。
礼央	やっぱり溝口先生しかいない。

ガラガラガラ……。再びドアが開きます。そして、黒髪の女子生徒が入ってきました。見慣れない顔です。

一同	うわっ！
溝口先生	紹介するわ。転校生の新井波(あらいなみ)さんよ。
一同	転校生〜！
波	新井波です。よろしく。私、映像部に入って監督と役者をやろうと思ってます。
杏奈	え、ちょっと待って……。いきなり監督って。
波	もちろん、次回作でかまわない。あ、溝口先生、こ

れ入部届け、書き込んできました。
- ♦ 礼央　これ、君が書いた字？
- ♠ 杏奈　あなたが勝手に私のシナリオに書き込みをしたの？
- ♠ 波　さっき溝口先生に入部届けをもらいに来たとき、部室も見学させてもらったのよ。そしたらシナリオが置いてあって、惜しいところがあったからアイデアを書いといたわ。それじゃあ今日はこれで。
- ♠ 杏奈　ちょ、ちょっとま……。

波は一方的にしゃべった後、教室を出てしまいます。残されたみんなは、あぜんとした表情です。

- ♦ マリー　何かスゴイのが来たね……。
- ♦ 礼央　でも、キレイな子だなぁ。
- ♠ 杏奈　でもって何よ、何あの子！　私、絶対負けない。
- ✝ 溝口先生　あの子の父親は、私が昔お世話になった映画監督。彼女の映画に対する知識は、父親譲りよ。これでマリーの仮説は、完全に検証されたわね。
- ♦ マリー　やった！　大金星！

仮説③　犯人は1人ではない。「鍵を持っている人」と
　　　　「映画に詳しい人」の2人いる。
　　　　　　　　⇩
検証③　鍵を持っている人……溝口先生
　　　　映画に詳しい人………転校生
　　　　　　　　⇩
　　　仮説③は正しい。

- **杏奈**: マリーは単純に喜んでるけど、何だか……。
- **礼央**: でも仮説形成って、面白いね。ミステリーファンとしてはワクワクする。**謎を解くときこそ、論理的に考えていかなくちゃいけない**んだね。
- **杏奈**: たしかに、仮説形成はシナリオにも使えるし、自分の考えを整理するときにも使えそう。だけど……。
- **礼央**: あ、あの子何か落としていった。
- **マリー**: 赤ちゃんのおしゃぶり？
- **杏奈**: 何の意味が……。
- **マリー**: まったくわからない。仮説すら思いつかない。
- **礼央**: 先生、これは……？
- **溝口先生**: 仮説を思いつくかどうかは、発想力の問題。だから、ロンリだけではどうにもならないわ。言うなればこれは、ロンリの無力ね。

不思議の国のロンリ劇場
鏡の国の仮説形成

🌹 **アリス** ねぇねぇ、ウサギさん。仮説が正しいかどうかは、どうやってたしかめるの？

🐰 **ウサギ** その仮説が正しいとどうなるかを予想して、その予想の通りになるかどうかを調べるのさ。やってみるかい？

2人は鏡の中に飛び込み、「鏡の国」にやってきました。

🌹 **アリス** ここはどこ？

🐰 **ウサギ** 鏡の国かな。

🌹 **アリス** 本当に？

🐰 **ウサギ** ここが鏡の国だっていうのは、まだ仮説さ。だから仮説をたしかめるのさ。

🌹 **アリス** 予想するのね。もしここが鏡の国なら、きっといろんなことがあべこべになっているはず。

ウサギ ご飯を食べるとお腹が空くし、ネズミが猫を追いかける。

アリス じゃあ、この井戸に飛び込んだら？

ウサギ 落っこちないで、上に飛び上がっていくはず！

アリス せーの！　あ〜れ〜！
ウサギ

チェシャ猫 他のこともあべこべかどうか調べなくちゃいけないのに、いなくなってしまった。
眠りネズミ ひひひひひ！
チェシャ猫 うわっ！　ネズミだ！　逃げろー！

ロンリのちから07 仮説形成　解説

決めつけを避け、あらゆる可能性を考えて、検証する

　私たちは「どうしてこうなっているのだろう」と不思議に思い、原因を突き止めようとします。「同僚の一人が最近よそよそしい態度をとるのはどうしてか」「パソコンの調子が悪いのはなぜか」、あるいは世の中の仕組みや自然界の不思議に至るまで、さまざまなことに疑問の目は向けられます。そこで、その謎を説明すべく仮説を立てる。それが仮説形成です。

　仮説形成では、独断的にならないように注意しなければなりません。同僚のAさんが最近よそよそしいのはなぜかと疑問に思い、きっと私をライバル視しているのだと考える。それはなるほど一つの仮説でしょうが、一つの仮説にすぎません。そこで思考停止することはきわめて危険です。ある事柄を説明する仮説は複数あります。まずこの点をしっかりと押さえ、一つの仮説を思いついただけで終わりにせず、他にもさまざまな仮説を考えてみる。その上で、どの仮説が一番もっともらしいかを検討するのです。

　仮説を検証するときには、その仮説に従うとどういうことになるかを予想して、その予想が的中するかどうかを確かめるというのがよい方法です。「Aさんは自分をライバル視しており、だから最近よそよそしいのだ」という仮説が正しければ、Aさんの言動にそれをうかがわせるようなことが見られるはずです。あるいは自然科学であれば、仮説に基づいた予測を確かめるために実験を行なったりします。この点において、身近な場面でも自然科学でも、仮説形成の構造に違いはありません。

ロンリのちから

08

否定のロンリ

学習ポイント：
あることの否定は、そのこと以外の
すべての可能性を含んでいることを理解しましょう。

否定のロンリの例：
この本は面白い。
↓(否定)
×この本はつまらない。
○この本は面白いとはいえない。

司法試験に
合格した人は、
すべて弁護士になる。

・・・・・・・・・・・・・・・・・・・・・・・・・・・・・・・・・・・・・

①司法試験に合格した人は
　弁護士にならない。

②司法試験に不合格でも
　弁護士になれる。

③司法試験に合格しても
　弁護士にならない人もいる。

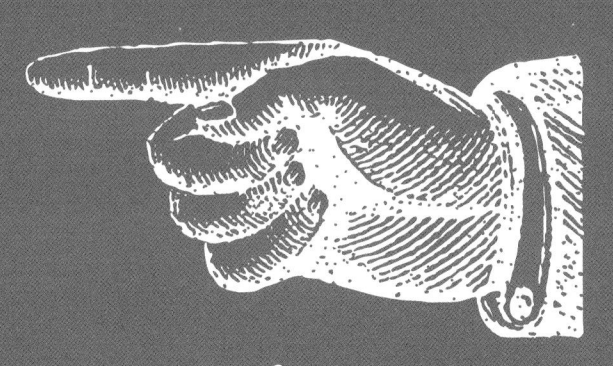

上の文章の
「否定」として、
正しいのはどれか？

ロンリのちから
08

転校生の波を加えて、撮影は重要なシーンに突入していきます。感情をスキャンしているアリスとテレス。そして、ジガ（波）がやってくることに気づいた2人は、逃げるように走り出します。

しかし、ついにジガに見つかってしまいます。

- ◆ **テレス**　ジガが来る！
- ● **アリス**　感情に気づいたか……。

- ◆ **テレス**　ジガ！
- ● **アリス**

- ● **ジガ**　私は、あなたたちを否定する。

- **アリス** 私たちは、2人ともまだ地球にいたい。
- **ジガ** 私は、あなたのその発言を否定する。
- **テレス** では、私たちは2人とも星に帰らなくてはならない。そうなのだな。
- **ジガ** そうではない。
- **アリス** では、私たちは2人とも星に帰ってはいけない。そういうことなのか。
- **ジガ** そうではない。その発言も否定する。
- **アリス** 「2人とも星に帰らなくてはいけない」と言えば否定し、「2人とも星に帰ってはいけない」と言えば否定する。あなたは矛盾している。
- **ジガ** 矛盾してはいない。あなたたちの発言はどちらも間違っている。あなたたちが2人ともここにいることは否定される。

「2人とも帰らなくてはならない」の否定は？

- **礼央** ちょっと待って。
- **杏奈** カット！ もう、いいところだったのに！
- **礼央** さっぱりわからないんだけど、今のやりとり。
- **杏奈** ジガは、「2人で地球にいることが、アンドロイドに悪い影響を与えた」と考えているの。1人では感情は芽生えない。だけど、2人で地球にいたから感情が芽生えた。それは危険なことだから、2人そろって地球にいる状況をやめさせようとしたわけ。**少なくともどちらか1人は帰らなければいけない**。それがジガの下した決定だったの。だからジガは、アリスとテレスの発言をどちらとも否

定した。矛盾はしてない。
- 波　礼央は、「2人とも帰らなくてはならない」の否定を「2人とも帰ってはいけない」だと考えたんでしょ？ でも、部長の考えは違う。そうよね。じゃあ、「2人とも帰らなくてはならない」の否定は何？
- マリー　ちょっと待って。こんがらがってしまいました。だいたい、部長は私だし！
- 溝口先生　それは**「否定の問題」**ね。
- 一同　溝口先生！
- 溝口先生　否定は実はとても難しいの。じっくり考えてみましょう。

み んなは、食器などがたくさん吊るされている部屋にやってきます。この部屋は、波が作ったアートクラブです。

- 礼央　あ、こないだのおしゃぶり……。ここは？
- 波　ここは私が作ったアートクラブよ。
- マリー　こないだ転校してきたばかりなのに、素早い。
- 溝口先生　では、否定をクイズ形式でやってみましょう。例えばこんな文、否定をするとどうなる？

問題① 風が吹けば桶屋が儲かる

- 溝口先生　これを否定できるかしら？
- マリー　あ、これ知ってる。第6回の不思議の国のロンリ劇場でやったやつだね。それじゃ、私がやりまー

す。「風が吹けば桶屋が儲かる」を否定すると、「風が吹けば桶屋は儲からない」。

✛ **溝口先生** 不正解。

♥ **マリー** えっ、何で？

✛ **溝口先生** 「風が吹けば桶屋が儲かる」は**「風が吹くと"いつも"桶屋が儲かる」**と言っているのよね。だったら、その否定は「風が吹くと"いつも"桶屋は儲からない」じゃなくて、「そうじゃない場合もある」ということ。

♥ **マリー** ということは、「風が吹いても桶屋が儲からない場合がある」ってことかな？

【正解】
風が吹けば(いつも)桶屋が儲かる
　　⇓(否定)
風が吹いても桶屋が儲からない場合がある

風が吹けば（いつも）桶屋が儲かる

↓（否定）

✗ 風が吹けば
桶屋が儲からない

○ 風が吹いても
桶屋が儲からない
場合がある

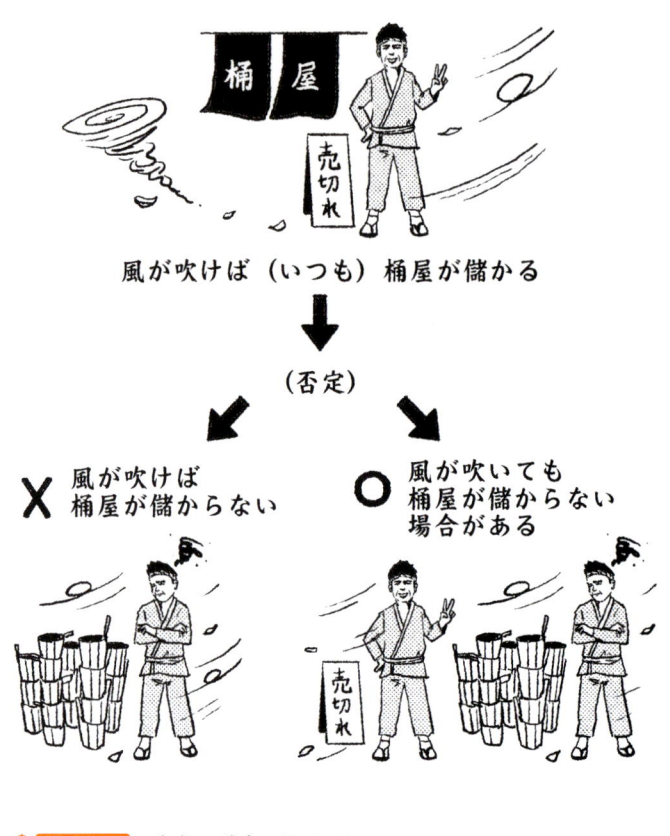

✚ **溝口先生** 　そう、それでいいの。

あることの否定は、そのこと以外のすべてを表す

✚ **溝口先生** 　では、次の問題はこれよ。

問題②　私はあなたのことが好きだ

- 🌷 **波** 私やります。否定すると、「私はあなたのことが嫌い」ではなく……。
- ♥ **マリー** え？ 「好き」の否定は、「嫌い」じゃないの？
- 🌷 **波** それは違うんじゃない？ それだと、好きか嫌いかのどちらかしかないことになってしまう。
- ✝ **溝口先生** そうね。「好き」の否定は「好き」以外のすべての気持ちを含んでいるの。**あることの否定は、そのこと以外のすべてを表している。**「嫌い」というのは、「好き」以外の感情の一部でしかないわ。

× 「好き」の否定は、「嫌い」
○ 「好き」の否定は、「好き」以外の気持ちのすべて

- 🌷 **波** 「僕のこと好き？」って聞かれて、それを一番正確に否定するなら、「私はあなたに対して"好き"という感情は持っていない」って答えるのがいいと思う。

【正解】
私はあなたのことが好きだ
　　　⇓（否定）
私はあなたに対して
『好き』という感情は持っていない

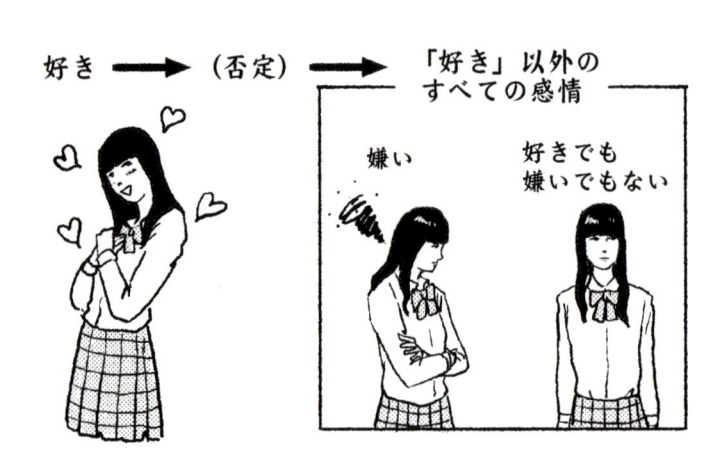

好き　→　（否定）　→　「好き」以外の
　　　　　　　　　　　すべての感情

嫌い　　　好きでも
　　　　　嫌いでもない

✢ **溝口先生**　それが正しい否定ね。良くて「好きでも嫌いでもない」。悪ければ「嫌い」かもしれない。とにかく「嫌い」だけではないということ。

「全員正解」の否定は「全員不正解」？

✢ **溝口先生**　では、次はこれよ。

| 問題③　インターネットの情報はすべて正しい |

◆ **礼央**　否定すると、「インターネットの情報はすべて間違い」。
✢ **溝口先生**　不正解。
◆ **礼央**　やってしまった……。
✢ **溝口先生**　「全員正解」の否定は、「全員不正解」かしら？
◆ **礼央**　「全員正解」じゃないということは、「不正解の人

　　　　　　もいる」ということだ。
✝ 溝口先生　そう。だから、「インターネットの情報はすべて正しい」の否定は？
◆ 礼央　「インターネットの情報には間違いもある」だ。

【正解】
インターネットの情報はすべて正しい
　　　⇓（否定）
インターネットの情報には間違いもある

✝ 溝口先生　そう、その通り。では最後はこれよ。

問題④　明日、兄と妹が2人とも旅立つ

◆ 杏奈　否定すると、「明日、兄と妹の少なくともどちらか一方は旅立たない」。
✝ 溝口先生　正解。
◆ 杏奈　これ、私がシナリオに書いたのと同じ形だから。

【正解】
明日、兄と妹が2人とも旅立つ
　　　⇓（否定）
明日、兄と妹の少なくともどちらか一方は旅立たない

✝ 溝口先生　さっきも言ったように、あることの否定は、その

こと以外のすべてを表わしている。だから、「兄と妹が２人とも旅立つ」の否定は、兄と妹が２人とも旅立つ以外のすべての可能性を含んだものになるの。兄と妹が２人とも旅立つ以外の可能性には、どんなものがあるかしら。

● **マリー** 兄と妹が２人とも旅立たない。でも、それだけじゃないね。

◆ **礼央** 一方が旅立って、一方が旅立たないこともある。

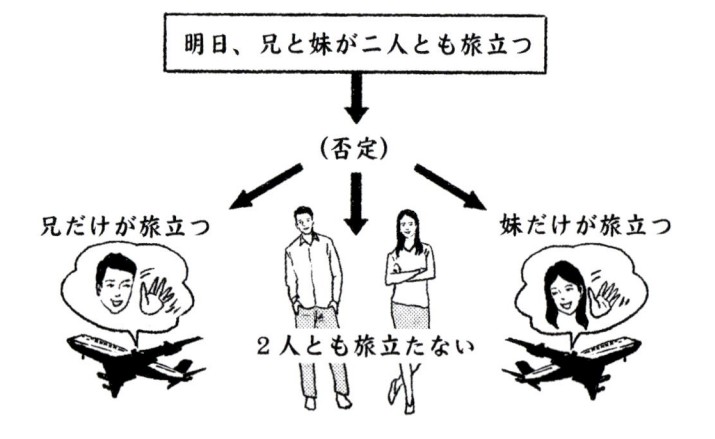

♥ **波** それで、「少なくともどちらかは旅立たない」という答えになる。

```
┌─────────────────────────┐
│ 明日、兄と妹が二人とも旅立つ │
└─────────────────────────┘
            ↓
          （否定）
     ↙      ↓      ↘
兄だけが旅立つ        妹だけが旅立つ
       ２人とも旅立たない
```

✚ **溝口先生** では、杏奈が書いたシナリオをもう一度やってみましょう。

◆ **テレス** 「２人とも星に帰らなくてはいけない」と言えば否定し、「２人とも星に帰ってはいけない」と言えば否定する。あなたは矛盾している。

ジガ	矛盾してはいない。あなたたちの発言はどちらも間違っている。あなたたちが2人ともここにいることは否定される。
テレス	私たちは破棄されるのか？
ジガ	破棄されるのが嫌ならば、どちらかはこの星に残り、どちらかは星に帰るのだ。

| テレス | |
| アリス | 嫌だ！　私たちはあなたを否定する。 |

....

杏奈	カット！
マリー	なんだか物語が一気に進んだね！
礼央	杏奈の言いたいことがよくわかった。**あることを否定するというのは、そのこと以外のすべての可能性を含んでいる**んだね。
杏奈	わかってもらえて嬉しい。
溝口先生	否定を正しく捉える。それも、**ロンリのちから**。

不思議の国のロンリ劇場
カキ食えば？

🧡 **アリス**　ねぇねぇ、ウサギさん。否定ってさ、難しいね。
🐰 **ウサギ**　否定にはいろんなことが含まれるからね。例えば、こんなのはどうだい？

🦭 **セイウチ**　<u>このカキくんたちを食べるべきか、食べるべきではないのか、それが問題だ〜。</u>

🧡 **アリス**　あ、これよくやる、やる！　ハムレットみたいなやつ。
🐰 **ウサギ**　そうそう。
👷 **大工**　食べなくちゃいけないってことはないと思うよ。
🦭 **セイウチ**　では、食べてはいけないのか〜？
👷 **大工**　いやー、食べちゃいけないってこともないんじゃない。
🧡 **アリス**　矛盾してる〜。

ウサギ そこだよ、否定が難しいのは。矛盾はしていないのさ。考えてごらん。「食べなくちゃいけない」の否定は「食べてはいけない」なのか。本当にその2つしかないのかい？

アリス あ、そうか。「どちらかにしなくちゃいけない」っていうんじゃなくて、「食べても食べなくてもどっちでもいい」っていうのもあるわね。

女王 私が食べてあげよう。
セイウチ ああ、もう食べたくても食べられない〜！

ウサギ うわっ！ 根本的に否定されてしまった〜。
アリス 女王にかかっては「否定」も何もあったもんじゃないわね。

ロンリのちから08 否定のロンリ 解説

Aの否定とは、"主張A"の打ち消し

　否定は案外難しい。否定に関して気をつけなければいけない場合が三つあります。順に説明しましょう。

（1）反対の意味をもつ語がある場合、反対の語を否定と混同しがちです。本文では「好き」と「嫌い」の例を用いたので、ここでは「気前がいい」と「ケチ」を例にとりましょう。彼女は気前がいいかと尋ねられて、「いや、気前がいいってことはないね」と否定的に答える場合、ややもすると、「じゃあケチなんだな」と考えてしまう。これは否定と反対を混同した結果です。

（2）「べき」のような言葉を否定するときも気をつけねばなりません。例えば「会社をやめるべきだ」の否定として「会社に残るべきだ」と考えてしまう。「生きるべきか死ぬべきか」と悩んだハムレットのように。しかし、これも正しい否定ではありません。

（3）「すべて」を否定するときにも注意が必要となります。例えば、「すべての人が合格した」の否定として「すべての人が不合格だった」と考えてしまう。まちがいです。

　Aの否定は、Aではないあらゆる場合を含まなければなりません。しかし、しばしば私たちはその中でAともっとも強く対立する部分だけを否定として考えてしまいます。その結果、気前がよくないということから一足飛びにケチと考えてしまったり、ハムレット的懊悩に身動きとれなくなったりしてしまうことになります。では、上の三つの場合に、どのように答えれば正しい否定になるのか。それは、本文を熟読してください。

ロンリのちから 09

類比論法

学習ポイント：
「似ているもの」を持ち出して、
自分の主張に説得力を持たせるのが「類比論法」です。
ただし、双方が似ていなければ、
説得力を失ってしまう弱さもあります。

類比論法の例：
A社はシニア層の再雇用をすすめ、人不足を解消した。
だから、わが社も積極的に採用すべきだ。

書店にカフェスペースを併設して成功している。
同様に、
靴屋にカフェを組み合わせたらどうだろうか。

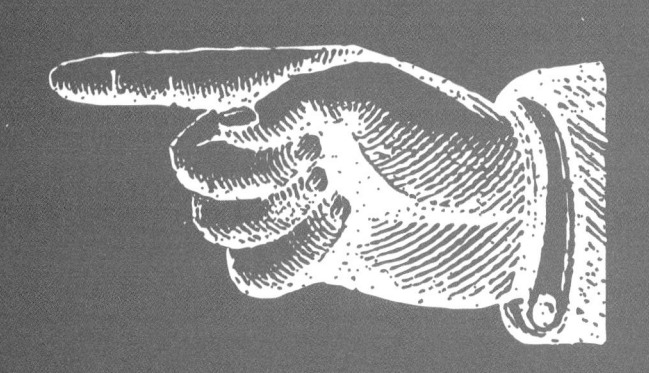

このような
類比論法の例を、
自分でも
つくってみよう。

ロンリのちから
09

杏奈とマリー、礼央、そして波たちの映画撮影が続いています。屋上に現れたアリスとテレス。その背後に現れ、2人を倒すジガ……。

その後、ジガを演じる波が怪訝そうな表情になりました。このシーンは「論理が成り立っていない」と感じているようです。

- **テレス** ジガ！ なぜ我々アンドロイドが感情を持ってはいけない……。
- **ジガ** 感情を持った人間は戦争に明け暮れた。同じように、アンドロイドが感情を持つと戦争を始める。
- **テレス** それで彼らを滅ぼしたのか。
- **ジガ** 気がついていたのか……。ん？

- **杏奈**　カット！　どうしたの？
- **波**　今のって、何だか論理が成り立ってないように思うんだけど？
- **杏奈**　そう？　どこが？
- **波**　「感情を持った人間は、戦争に明け暮れた。同じように、感情を持ったアンドロイドも戦争を始める」って、人間はそうでも、アンドロイドがそうなるとは限らないでしょう？
- **礼央**　でも、アンドロイドって人間に似せて作った人形（ひとがた）ロボットでしょ？　だから行動も人間と似てくるんじゃない？
- **波**　たしかにアンドロイドは、人間と似ている。じゃあ「人間はお腹を壊す。同じようにアンドロイドもお腹を壊す」どう？　論理的だと思う？
- **杏奈**　そうだけど……。
- **溝口先生**　「**類比論法**」ね。
- **杏奈**　溝口先生！
- **マリー**　類比……論法？
- **杏奈**　類比って、似ているってこと？
- **溝口先生**　そう。**似ているものを持ち出して自分の主張に説得力を持たせるのが類比論法**。うまく使えばとても効果的な論法だけど、弱さもあるの。具体的に見てみましょう。

「類比論法」その① サッカーと勉強

- **溝口先生**　例えば、「サッカーは得意だけど、勉強は苦手」という子がいたとして、そういう子に対しては、サッカーとの類比で勉強のことを言うと効果的。試

験前の一夜漬けばかりでは、サッカーでいつも試合前だけ練習するようなものよ。

> サッカーは、普段から続けて練習しなければうまくならない。
> 同様に、勉強も一夜漬けでは力はつかない。

◆ **礼央** たしかに、そんなふうに言われると納得する。

「類比論法」その② 自分と他人

- **波** はい、こういうのはどう？
- **溝口先生** やってみなさい。

> 君は、人から悪口を言われたら嫌だと言う。
> 同様に、君も人の悪口を言ってはいけない。

- **礼央** 自分が嫌なら、相手も嫌だと思うはず。相手と自分の共通点を指摘して、相手を説得している。そういうこと？
- **杏奈** でも、「私はそうだけど、他人のことは知らない」とか言われたら、説得失敗よね。そんなこと言うのは嫌なヤツだけど。
- **溝口先生** そう。「似ていない」と言われたら、**説得力を失ってしまう。そこに類比論法の弱さがある**の。だから、説得力のない類比論法というのも、たくさんあるわ。
- **マリー** 説得力がない例なら、まかせて！

「類比論法」その③ 自分の家とよその家

> 友だちのうちは、夏休みに海外旅行へ行く。
> だから、うちも海外旅行へ行きましょう。

✝ **溝口先生** これはダメな類比論法のいい例になってるわね。
♥ **マリー** よし、ダメ。やった！
♦ **杏奈** 友だちの家と自分の家では、事情がかなり違うものね。
♥ **波** 私のママだったら、「よそはよそ、うちはうち」で終わりよ。
♦ **杏奈** だけど、友だちの家と自分の家だとすぐにダメってわかるけど、「アメリカではこうだから、日本でもそうすべきだ」とか言われると納得しちゃうときだってあるでしょ！
♥ **波** そう？ アメリカと日本の方が、友だちの家と自分の家よりも事情の違いは大きいでしょ。アメリカっていうだけで納得しちゃうのは情けないわ。
♦ **杏奈** あくまで例として言っただけよ。
✝ **溝口先生** **類比論法に対しては、共通するところと異なるところを的確に捉えて、その類比が成り立っているかどうかを見きわめなければいけない**の。

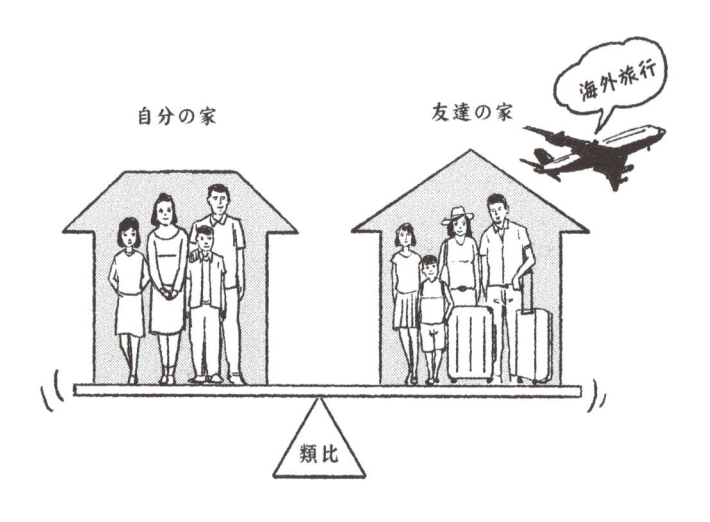

✝ **溝口先生** では、こんなのはどうかしら？

> 映画をたくさん観ると、
> 消極的な人間になる。

● **杏奈**
● **波** 何それ！　どうして!?

✝ **溝口先生** ただ座ってテレビばかり観ていると、自分から積極的に行動を起こす気持ちが薄れて、消極的な人間になりがち。同じように、映画もやっぱり座って観ているだけだから、映画ばかり観ていると消極的な人間になってしまう。こんなふうに言われたとして、誰か反論できるかしら？

● **礼央** テレビだって、考えさせられる番組もあるよね。

✝ **溝口先生** そうね。それも1つの反論。でも今は、ここで言われているテレビと映画の類比が成り立っているかどうかを考えてみて。

● **杏奈** テレビは、流れてくる番組をいくらでもひまつぶしに観ていられる。だけどそういうテレビの見方と、私たちが目指している映画を一緒にしてほしくない。私は、1つの作品として、時代や国を超える映画を作りたい！

● **波** 私は、映画をアートだと考えているの。アートには、受け身なだけでは感じとれない表現の深みがある。わかりやすさを第一に考えている多くのテレビ番組とは、目指しているものが違うわ！

- **溝口先生** 2人の映画への思いはわかったわ。では、杏奈が書いたシナリオをもう一度検討してみましょう。

- **テレス** なぜ、我々アンドロイドが感情を持ってはいけない……。
- **ジガ** 感情を持った人間は、戦争に明け暮れた。同じように、アンドロイドが感情を持つと戦争を始める。

- **礼央** ほんとだ。類比論法だ。
- **波** でも、やっぱり成り立ってない。
- **杏奈** 悪かったわね。
- **礼央** 感情を持った人間と、感情を持ったアンドロイド、類比は成り立っているようにも思うけどね。
- **波** 私は、アンドロイドと人間には"欲望"に差があると思う。欲望と感情が合わさって、人間は戦いを始めた。だけど、アンドロイドは人間と違って強い欲望を持たないから、感情が芽生えただけで戦争を始めることはない。そこに人間とアンドロイドの違いがある。
- **礼央** なるほど。だとすると、この類比論法は成り立たない。
- **杏奈** 待って、台本の続きを読んで！ たしかにジガが言った類比論法は、成り立っていないかもしれない。それはわかった。でも、その後アリスがジガに反論するの！

- **アリス** 人間を支配した感情は、憎しみだった。しかし私たちアンドロイドに芽生えた感情は、憎しみではない。だから、私たちの感情を消去するのは間違っている。

- **杏奈** カット！
- **マリー** 2人に芽生えた感情って、もしかして……愛？
- **杏奈** そうよ。アンドロイドに愛が芽生えた。でもその愛は抹消されようとしている。
- **礼央** 2人は恋愛関係になるんだ！　わぁお、何か嬉しい。
- **マリー** 「わぁお、何か嬉しい」って、それ、ダメな類比論法！　登場人物が恋愛関係でも、役者同士は別だからね！
- **礼央** ですよね……。類比論法って、つい雰囲気に流されがちになるね。論理的にきちんと使うのって、案外難しい。
- **杏奈** 似ていると言われているもの同士の共通点と異なる点を考えて、その類比論法が、本当に説得力があるかどうかを判断しないといけない。
- **溝口先生** そう、うまく使えば説得力のある論法になるわ。しかし、世の中にはインチキな類比論法がたくさんある。それを見きわめるのも、**ロンリのちから**。

不思議の国のロンリ劇場
類比論法

🎀 **アリス** 　私ね、類比論法で死にそうになったことあるんだよ。
🐰 **ウサギ** 　ほう。

首が伸びて、ハトの巣に顔が突っ込んでしまうアリス。ハトは、アリスが卵を取りに来たと疑っています。

🕊 **ハト** 　卵は渡さないよ！
🎀 **アリス** 　え？　私、あなたの卵を取ったりしないわ。
🕊 **ハト** 　いいや、騙されない！　そうやっていつも、ひょろっとした蛇に卵を取られてるんだ。あんたみたいにひょろっとした生き物は、みんな卵を狙ってるんだ！　えいっ！　えいえいっ！
🎀 **アリス** 　ひぃ〜〜！

ウサギ 反論すればよかったのに。

アリス どうやって？

ウサギ 「ひょろっとしてても、卵を食べるとは限らない！」ってね。

アリス なるほど！

ウサギ 例えばキリンさ。キリンもそのときの君と同じように首がひょろっと長い。でも、卵は食べない。

アリス ウサギさん、ナイス反論だわ！

ウサギ でも、この反論には問題がある。不思議の国にはキリンがいない。

アリス はあ……。

ロンリのちから09 類比論法 解説

インチキな類比論法に反論するコツ

「aはbと似ている。bはFだ。だから、aもFのはずだ」、あるいは「aもFであるべきだ」、と論じる。これが類比論法です。本文で示した例のように、サッカーは好きだが勉強は好きではない子どもに、サッカーの例を引き合いに出した類比論法を用いると、なかなか効果的です。類比論法は、うまく使えば、相手を説得するのにとても有効な論法なのです。

しかし、だからこそ、私たちは世の中に数多く見られるインチキな類比論法に騙されないようにしなくてはなりません。類比論法はaとbの類比に訴える論法です。しかし、aとbが同じものでない以上、そこには相違も必ず存在します。そこで、インチキな類比論法に対しては、目下の主張にとって無視できない相違点を指摘して反論します。つまり、このように反論するのです。「aはbと……の点で異なっている。だから、bがFだとしても、aはbと違ってFではないかもしれない。」あるいは、こう反論します。「aはbと……の点で異なっている。だから、bがFだとしても、aもまたFであるべきだということにはならない。」

類比論法はaとbの類比点にだけ私たちの目を向けようとします。しかし、それに騙されず、冷静にaとbの相違点を考えなければなりません。二つのものごとがいくら似ていようとも、そこには必ず相違点もあります。類比論法を突き崩すような決定的な違いがないかどうか、慎重に検討しましょう。インチキな類比論法に騙されない力は、実生活で大いに役立ちます。

ロンリのちから 10
合意形成

学習ポイント：
「合意形成」とは、意見を一致させることです。
合意を形成する上でもっとも大切のは、
意見の対立を人と人の対立にしないこと。
誰が言ったかは考えないで、意見そのものを
冷静に検討する必要があります。

A案とB案に
意見が分かれたときは、

・・・・・・・・・・・・・・・・・・・・・・・・・・・・・・・・・・

①多数決で決める

②独断で決める

③どちらも満足する
　新しい案を作る

④譲歩して
　相手の意見に合わせる

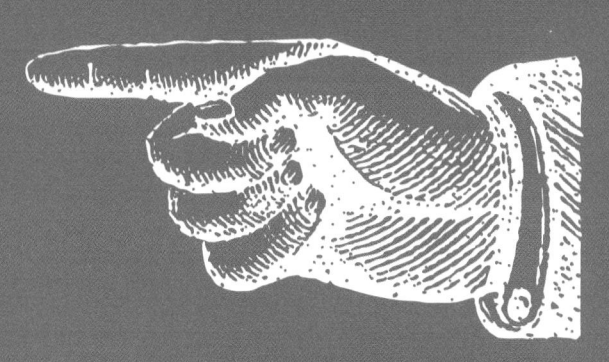

合意形成の
仕方として、
正しくないのはどれか？

ロンリのちから
10

とても慌てた様子で、溝口先生を呼びにきたマリー。杏奈と波が、映画のラストシーンをどうするかで言い争いをしています。

険悪なムードの部室に、マリーと溝口先生がやってきました。

- **マリー**　溝口先生！
- **溝口先生**　どうしたの？　マリー。
- **マリー**　杏奈と波が……。
- **礼央**　溝口先生！
- **溝口先生**　何をやってるのかしら？
- **礼央**　杏奈の書いたラストシーンに波が納得しなくて。でも、波の提案するラストシーンには杏奈が納得しなくて。

- **溝口先生**　そう。では、それぞれのラストシーンを聞かせてちょうだい。
- **杏奈**　私の台本では、「アリスとテレスがジガを倒して、感情を持ったアンドロイドとして人類の再生にとりかかる」っていうラストになってる。
- **溝口先生**　波は？
- **波**　アリスとテレスはジガに倒され、2人の間に芽生えた愛は消去される。そうしてジガは、すべての愛が消え去った地球を後にする。これが私のアイデア。
- **杏奈**　お涙ちょうだいのメロドラマみたい。
- **波**　そっちこそ安っぽいハッピーエンドじゃない！
- **杏奈**　自分が監督をやりたいから、私の意見に何でも反対してる。
- **波**　私のこと嫌いだから、私の意見を受け入れられないんでしょ。

合意形成とは、さまざまな考えを1つにまとめること

- **溝口先生**　2人とももう少し冷静になって。たしかに2人の考えは違う。でも、映画のラストシーンは1つ。いろいろな考えの人たちが集まって1つのことをするとき、どうすればいい？
- **マリー**　考えを、1つにまとめないとダメだよね。
- **溝口先生**　そう。さまざまな考えを踏まえて、そこからみんなの合意を形成しなければならない。
- **杏奈**　合意を形成する……？
- **溝口先生**　「合意形成」のためには、心がけるべき大事なことがいくつかあるの。なかでももっとも大事なこと

は、**意見の対立を人と人の対立にしないこと。**

◆ 礼央　今のままじゃ、完全に杏奈と波の対立だもんね。

✚ 溝口先生　そうならないためには、誰が言ったかは考えないで、意見そのものを冷静に検討するの。

意見の対立を
人の対立にする

意見そのものを
冷静に検討する

相手に勝つことを考えてはいけない

【A案】アリスとテレスが生き残って、人類を再生させる
【B案】アリスとテレスは倒れ、2人は結ばれずに終わる

◆ 杏奈　波の……じゃない、B案は悲しすぎる。

◆ マリー　そっかなぁ。泣けるエンディングって好きだけどなぁ……。

◆ 杏奈　マリーひどい！　何で途中から参加した転校生の肩持つの？　もう！　礼央はどうなの？　どっち

の味方？

✝ 溝口先生 杏奈。もう私の言ったことを忘れているわね。意見が対立したとき、それを敵、味方で考えてはダメ。**相手に勝つことばかり考えていると、相手の考えが何も聞こえなくなる**の。だから、さまざまな意見を第三者的な視点に立って見てみることが大事。まだ納得できないって様子ね。ではこんなのはどうかしら。

- **♦ テレス** 今度の休み、どこかに遊びに行かないか？ アリス。
- **♥ アリス** デートか。そうであるならば嬉しい。テレス。
- **♦ テレス** そう、デートだ。海に行こう。私は泳ぎたい。
- **♥ アリス** 山がいい。山頂でお弁当を食べたい。
- **♦ テレス** 海の方が断然いい。泳げないのか？
- **♥ アリス** テレスこそ、山を登る体力がないのではないか？
- **♦ テレス** どうして私の言うことに賛成できないのだ。私のことが嫌いなのだな。
- **♥ アリス** 山がイヤなのではなくて、私のことがイヤなのだな。

- **♦ テレス**
- **♥ アリス** ふんっ！

- **♥ 杏奈** 私、こういうまどろっこしい痴話ゲンカ、大っ嫌い！
- **♣ 波** 私も。
- **♦ 礼央** でも、さっきの2人は、まさにこんな感じでした

けど……。
- **溝口先生** **意見の内容について、感情的にならずに検討する。** そのときに大事なことは、**自分の考えと違う意見の中に、取り入れられる良いところがないかを探すこと**。他の意見から学ぼうとする姿勢がなければ合意形成はできない。
- **波** さっきのケンカの例だったら、解決策を探れると思う。例えば、泳げる湖がある山に行くとか。
- **杏奈** 夏には海に行って、秋になったら山に行くとか。

山

「山がいい！」「海がいい！」

互いの意見の良いところを探す →

山　湖

「湖がある山へ行こう！」

海

- **溝口先生** そう。そうやってお互いに歩み寄って、みんなが納得できる案を考えていくの。波と杏奈も他人の例ならそれができた。つまりそれは、客観的に見ることができたから。
- **杏奈** そういうことなんだ……。
- **溝口先生** では、シナリオに戻りましょう。A案とB案、まず、この2つの案を客観的に見ること。そして、それぞれの良いところを探すこと。どちらかを選ば

なければいけないと決めつけないで、A案とB案の良いところを合わせた新しい案が作れないかしら？

【A案】
アリスとテレスが生き残って、人類を再生させる
⇒ 前向きで力強い

【B案】
アリスとテレスは倒れ、2人は結ばれずに終わる
⇒ 切ない

- **マリー**　ハイハ〜イ！　では、ここからは部長の私が仕切ります！　まずはA案「アリスとテレスはジガを倒し、生き延びて人類再生へと歩み出す」っていうストーリーの良いところは？
- **礼央**　人類再生へと歩み出すところが希望を描こうとしていて、ポジティブな気持ちで後味いいかも。
- **波**　前向きで力強さがあることはたしかだと思う。
- **マリー**　それじゃ、次はB案「アリスとテレスはジガに倒され、2人の間に芽生えた愛は消去されてしまう」っていうストーリーの良いところは？
- **礼央**　これ、切ないよね……。
- **マリー**　胸キュンだよね〜！
- **杏奈**　2人に芽生えた愛が摘み取られてしまうという切なさは、観客の心を引き寄せる力がある……と思う。
- **礼央**　希望を取るか、切なさを取るか……。

> 【それぞれの案の良いところ】
>
> 【A案】希望が感じられる
> 　　　　「人類を再生させる」という部分
>
> 【B案】切なさを感じさせる
> 　　　　「2人は結ばれずに終わる」という部分
>
> 　　　⇩
>
> この2つをうまく組み合わせることができないか？

- **マリー**　どっちもっていうのは、無理？
- **杏奈**　う〜ん、できるかも……。
- **波**　アリスとテレスは倒れてしまう。だけど希望は残るとか。
- **マリー**　そうそう！
- **杏奈**　アリスとテレスは倒れながらも、かつて生命を育んだ海に、再び人類を誕生させる力を与える……。
- **礼央**　ジガにも希望を託すというのは？　ジガはアリスとテレスに共鳴して感情を持つ。それで、ジガは星に帰って革命を起こす、つまり、感情革命って、どうかな？
- **杏奈**　消去されるアリスとテレス。それは同時に人類再生への新たなスタートになる。そしてジガにも希望が託される。2つの案が持つ希望と切なさが、一緒になる！
- **波**　そのイメージをどう演出するかは、監督である杏奈に任せる！
- **杏奈**　うん！

ボロボロになり、支え合いながら、海へと歩いていくアリスとテレス。コア（アンドロイドの記憶装置）を海に託そうとする２人を、追ってきたジガが止めにかかります。ジガに倒されたアリスとテレス。

テレスはアリスに手を伸ばしますが、届きません。機能が停止したのです。

ジガはしばし立ち尽くし、涙を流し、その場から消え去りました。そして、アリスとテレスのコアは、２人の体を離れ、海へと帰っていったのです。

- **テレス**　人類とアンドロイドのすべての英知である、このコアを……。
- **アリス**　この海に託す。
- **ジガ**　待て！　何をするつもりだ。
- **アリス**　ジガ、あなたももう気づいているはずだ。我々には感情が必要だということを。

- **ジガ**　だまれ！
- **テレス**　ジガ、君にはアンドロイドの未来を託す、再び過ちを繰り返すな……。

....

- **杏奈**　できた……。
- **礼央**　できたね。
- **波**　できた。
- **マリー**　できた～！　できたよ！
- **溝口先生**　がんばったわね。良くできてたわ。
- **波**　合意形成の難しさと大切さ、よくわかった。私たちは意地を張り合って、お互いの良いところを見失っていたと思う。
- **礼央**　**合意形成のためには、他人の意見だけじゃなく自分の意見も客観的に見る**必要がある。
- **マリー**　みんなで話し合って、考えていくんだよね。みんなで。
- **杏奈**　そして、さまざまな意見をもとに、そこからより良い考えの可能性を探っていく。もしかして、これも？
- **溝口先生**　そう、これも、**ロンリのちから**。

不思議の国のロンリ劇場
合意形成

- **帽子屋**: ヤムチャ！ ヤムチャがいい。
- **ハンプティーダンプティー**: そんなのやだ。ハンバ〜ガ〜！
- **眠りネズミ**: 僕は辛〜い、スンドゥブチゲがいい！
- **ディー&ダム**: 和食がいいね。和食だ、和食。
- **アリス**: ウサギさん、あの人たち、何してるの？
- **ウサギ**: 夕食を何にするか話し合ってるらしいよ。
- **アリス**: みんなバラバラ！ 不思議の国っていつもこんな感じね。
- **ウサギ**: でも、僕はそんな不思議の国が好きだな〜。
- **アリス**: え〜、大変じゃない！
- **ウサギ**: じゃあ、みーんなが同じことを言う国の方がいいかい？
- **アリス**: う〜ん……それじゃ、つまらないかも。それに、そういう国って怖い。
- **ウサギ**: 誰か1人の意見に従うようにすれば、まとまりやすいけどね。
- **アリス**: それって、もっと怖い。

| 全員 | いろんな意見がある。それは素晴らしいことだ。
| アリス | あ、意見が一致した。

| 帽子屋 | でもやっぱりヤムチャ！
| ハンプティー・ダンプティー | ハンバーガー！
| 眠りネズミ | スンドゥブチゲ！
| ディー&ダム | 和食がいい！

| チェシャ猫 | 合意形成への道はきびしい〜。

ロンリのちから 10 合意形成 解説

個人の発想の限界を超える論理の力

　共同で何ごとかを為そうとするときに、意見が分かれたならば合意を形成しなければなりません。そのさい、多数決で少数派を抑えるのは最後の手段です。とはいえ、考え方が異なる複数の人間が一つの合意に達するのは、言うまでもなく容易なことではありません。また、こうすれば必ず合意が形成できるというマニュアルなどもありはしません。ここでは、理にかなった合意形成のために最低限必要な鉄則を二つ示しましょう。

　① 意見の対立を人の対立にしないこと。誰の意見かということを離れて、内容そのものを客観的に捉える。その対立状況を上から俯瞰するような視点をもたねばなりません。

　② 他の意見からも学ぼうとすること。意見が対立したとき、多くの場合はそれぞれの意見によいところがあります。それに耳を閉ざしていては一歩も前進しません。二つの意見ＡとＢが対立したとき、ＡかＢかどちらかに決めなければならないと考えるのではなく、もっと柔軟に考えねばなりません。それぞれの意見のよい点を学ぶことによって、ＡともＢとも違うよりよい考えが生まれることがあります。それが合意形成のもっとも生産的な姿です。

　この二つの鉄則を無視すると、意見の対立が人の対立になり、勝ち負けという観点がその場を支配することになります。人の意見には耳を貸さず、どうすれば相手に勝てるかだけを考える。ここにあるのは言論の暴力です。それに対抗するためにも、私たちは論理の力を鍛えなければならないのです。　　　　（了）

NHK高校講座『ロンリのちから』番組スタッフ

プロデューサー：足立圭介・草谷緑・藤澤司（NHKエデュケーショナル）
デスク：北里京子・西澤伸太郎・小杉早苗（NHKエデュケーショナル）
ディレクター：夏目現（I was a Ballerina）
制作：渡邉正裕（I was a Ballerina）
編集：中里耕介
オープニングタイトル：高橋健人（I was a Ballerina）
CGコーナー：岩下みどり・白佐木和馬（ILCA）
音響効果：磯田正文（D3PROJECT）

監修：野矢茂樹（東京大学大学院教授）

※肩書き・所属は番組制作当時のものです

書籍編集協力：NHKエデュケーショナル

ロンリのちから

著　者──	NHK『ロンリのちから』制作班 （エヌエイチケイ『ロンリのちから』せいさくはん）
監修者──	野矢茂樹（のや・しげき）
発行者──	押鐘太陽
発行所──	株式会社三笠書房

〒102-0072　東京都千代田区飯田橋3-3-1
電話：(03)5226-5734（営業部）
　　：(03)5226-5731（編集部）
http://www.mikasashobo.co.jp

印　刷──	誠宏印刷
製　本──	若林製本工場

編集責任者　本田裕子
ISBN978-4-8379-2616-0 C0030
Ⓒ 2015 NHK, Printed in Japan

＊本書のコピー、スキャン、デジタル化等の無断複製は著作権法上での例外を除き禁じられています。本書を代行業者等の第三者に依頼してスキャンやデジタル化することは、たとえ個人や家庭内での利用であっても著作権法上認められておりません。
＊落丁・乱丁本は当社営業部宛にお送りください。お取替えいたします。
＊定価・発行日はカバーに表示してあります。

三笠書房

自助論

S.スマイルズ【著】
竹内均【訳】

今日一日の確かな成長のための
最高峰の「自己実現のセオリー」!

「天は自ら助くる者を助く」——この自助独立の精神にのっとった本書は、刊行以来今日に至るまで、世界数十カ国の人々の向上意欲をかきたて、希望の光明を与え続けてきた。福沢諭吉の『学問のすゝめ』とともに、日本人の向上心を燃え上がらせてきた古典的名作。

思考のチカラをつくる本

判断力・先見力・知的生産力の高め方から、
思考の整理、アイデアのつくり方まで

白取春彦

アタマの回転が速くなる、
考える技術のトレーニング!

ややこしいことでも、易しくわかる。説明できる。あなたの"人生効率"が大幅アップする思考の技術を大公開! おもしろい発想を次々生み出すには? 未来を予測するための考え方は? 思考を"やわらかく"して、仕事で、人生の大事な分岐点で、最高の判断をしよう。

賢く「言い返す」技術

攻撃的な人・迷惑な人・「あの人」に

片田珠美

かわす・立ち向かう・受け流す——
自分を守る"策"を持て!

□【イヤみ】……「オウム返し」で、戸惑わせる!
□【理不尽な攻撃】……"ほとけの一言"で、反省させる
□【陰口】……「気づいているぞ」とアピール
□【しつこい相手】……この"切り返し"でシャットアウト!
人との関係は、必ず変えることができる!